都市型災害を生き延びるサバイバルプラン

一般社団法人
危機管理リーダー教育協会
代表理事
川口拓
TAKU KAWAGUCHI

イースト・プレス

はじめに

「サバイバル」というと、無人島や山の中で行うもので、何か縁遠いものだと思われているが、災害が相次ぐ近年、サバイバルと無縁でいられる人はいない。

災害からのリカバリーには次の三つの手順がある。自助、共助、公助である。

自助とは自分や家族を助けることであり、共助は近隣の人々と助け合うことだ。公助は消防、警察、自衛隊などによる支援、避難所での食料支援など公的援助全般を指す。

この中で最初に来るのが、自助である。自助がなければ共助はなく、共助がなければ公助はない。その意味で、自助はもっとも重要だと言える。

そして、自助とはサバイバルなのだ。ライフラインの寸断ばかりが話題になるが、地震火災や落下物、倒壊などから自分の身を守り、生き延びることはすべてサバイバルと言える。

つまり、サバイバルすることは自助と共助にも繋がるのである。

本書は都市型災害サバイバルのためのプランの立て方を解説した一冊である。注意してほしいのは、本書には答えは書いていないということだ。本書に書いてあるのは、答えではなく答えの出し方である。なぜなら、サバイバルプランは一人ひとりのライフスタイルに合わせて立てるものであり、自分自身でしか答えは出せないからである。

しかし、自ら手探りでプランを立てることは、プランを血肉にし、深く理解するということでもある。地震など自然災害はいつ発生してもおかしくない。有事の際パニックに陥らず、生き延びるために本書を役立ててほしい。

川口拓

CONTENTS もくじ

第3章

命を繋ぐもの

第3章

第4章

都市型災害のリスクを取り除く

第5章 都市型災害に打ち勝つリカバリープラン

第6章 生きる喜び

第1章

災害は都市を砂漠に変える！

都市は砂漠だ、と言ってピンとくる方はいないだろう。

都市ほど安全で快適な場所はない。水も食料も豊富で、夜も明るい。真冬でも建物の中は暖かいし、野生動物に襲われることもない。楽園のような場所だ。

だが、ひとたび災害が起こると、その都市が砂漠に変わってしまうのだ。サバイバルが極めて難しい砂漠に……。

なぜだろうか？

都市が砂漠に変わるとき

自力で生き延びる「サバイバル」の専門家たちの間では、サバイバルの難易度は場所によって変わることが知られている。

実は、森林や無人島でのサバイバルは、サバイバル術を知っている者にとってはそれほど難しくはない。なぜなら、生き延びるために必要なものが揃っているからだ。

水は湧き水や朝露を集めればいいし、枯れ木があるから暖を取ったり水を煮沸《しゃふつ》消毒するための火もおこせる。雨風をしのぐシェルターも、蔓や枯れ葉、太い枝から作ることができる。食べられる野草や木の実も豊富にあることが多い。

現代人には意外かもしれないが、自然の中には命を紡ぐ材料がたくさんあるのだ。もっとも、私たちの祖先は森林で生活を送ってきたのだから当然の話ではある。われわれ現代人が野性を失っているに過ぎない。

そう、私たちは野性を失っている。そしてこのことこそが、都市サバイバルを困難なものにしているのだ。

話を戻そう。すべてのサバイバルの専門家たちが恐れるのが、砂漠である。砂漠でのサバイバルは極めて難しく、生還した例もほとんどない。貴重な生還者たちも、たまたま通りかかった航空機に発見されたとか、幸運に幸運が重なったケースがほとんどだ。

なぜなら砂漠、特にサハラ砂漠のような砂ばかりの砂漠には人間が生きるための材料がまったくないからだ。水も、植物も、食料もない。しかも日中は砂が焼けて歩けないほど暑くなるのに、夜は恐ろしく冷える。だが、凍死から身を守る材料が、砂漠にはない。

砂漠でのサバイバルは絶望的なのだ。

さて、砂漠に次いでサバイバルが難しいシチュエーションはどこか、あなたはご存じだろうか？

……それは、インフラが失われた都市だ。災害によって破壊された都市は、砂漠なみに生き延びることが難しい地獄に変わる。

800万人の帰宅難民を襲う地獄

強固に見える現代の都市のインフラも、大災害が起こると簡単に破壊される。東日本大震災当日には首都圏だけで約515万人にも及ぶ帰宅難民が生まれたという報告がある。交通インフラの停止により、家に帰れなくなった人々だ。

読者の中にも、震災の夜、会社で夜を明かした人や徒歩で帰宅した人がいるだろう。水や食料が品切れとなったスーパーやコンビニ、そして帰宅する人々の群れや自動車で溢れた車道。インフラを失った現代人のなんと無力なことだろう。

東京都の昼間の人口は、実に約１５００万人。もし首都圏直下地震が発生すると、帰宅難民は１都４県で最大８００万人になるという予想もある。


被災しても避難所に入れれば安心だ、と思っている人もいるだろう。ところが、人口が密集する都市ではそもそも避難所が足りなくなる恐れがある。都内の避難所は、想定される避難者に対し、面積にして東京ドーム12個分も不足しているという説もあるのだ。

また、仮に避難所にたどり着いたとしても、交通網が絶たれた状態で救援物資が届くまでに、どのくらい時間がかかるかわからない。

都市型災害が起こったら、学校や会社からの帰宅が困難になることや避難所に入れないリスクがあるだけではなく、物資がない中で生き抜く能力も必要になるのだ。

インフラが停止した都市ではあらゆる物資が不足する

楽園から地獄へ。

この変化は、都市という場所が持つ特殊な性質によって引き起こされる。だがわれわれ現代人は、都市が特別な場所であることを忘れてしまっているのだ。

都市の特徴は、人工物で覆い尽くされている点にある。

道にはアスファルトが敷かれ、川は暗《あん》渠《きょ》化され、野生動物の多くは排除される。公園にでも行かない限り、身近な草木は学校や沿道に多少植えられているだけだ。

そんな都市でわれわれが快適に生活できているのはインフラが整備されているからだ。家には電気や水道が引かれ、スーパーやコンビニに行けば食料が手に入る。

また、警察によって治安も保たれている。

だが、もし災害によってこういったインフラが失われたら、われわれは野生状態に戻る。自力で暖を取り、水や食料を手に入れてサバイバルをしなければいけないのだ。

そこで、想像してほしい。

野生の人間がサバイバルをするにあたって、インフラを失った都市がどれほど乏しいかを。

まず、食料がない。家やスーパーに備蓄があるうちはいいが、それらが失われたら何を食べればいいのか？

自然豊かな場所にはいくらでもある野草も、魚も、野生動物も都市にはいないのだ。

それに、飲料水が手に入らない。

自然の中にいれば、川や湧き水はそう苦労せず見つけることができる。そのまま飲めない水もあるが、こういった自然の水は煮沸消毒さえすれば飲用できることが多い。

だが、都市部の水は重金属や薬品などで化学的に汚染されているケースが多く、煮沸消毒が効果を発揮しない可能性が高い。

そういう水を飲むには特殊な浄水器や蒸留が必要になるが、浄水器を常に持っている人は少ないし、蒸留で手に入る水は命を繋ぐには少なすぎる（これは砂漠でのサバイバルが絶望的である理由の一つでもある）。

後ほど詳しく述べるが、**人が水なしで生きられるタイムリミットは72時間だ。72時間以内に飲み水にありつけなければ、人は死ぬ。**

さらに、都市では暖を取るための枯れ木も工作の材料になる蔦も手に入らないし、地震後、大きな余震が続く場合には倒壊の恐れのある建物から離れなければいけないから、雨風をしのげる場所を見つけることさえ難しい。

都市が砂漠なみに厳しい環境であることをご理解いただけただろうか？

しかし、問題はこれだけではない。都市には、自然にない固有のリスクが存在するのだ。

それは「人」である。

人がリスクになる理由

都市型サバイバルの研究が盛んなアメリカには危機管理の専門家が多くいるが、本当に深刻なサバイバル状態に陥った場合、彼らが揃って重視するのが、「人目を避けること」だ。

どういうことか？

日本人にはピンとこないだろうから、先に答えを言おう。

暴徒化した他人から身を守るためだ。

災害時に厳しい状況が長く続くと暴徒化する人々が現れることは、専門家の間では半ば常識になっている。だから専門家は、食料を強奪されたり暴行を加えられたりすることを防ぐために、他人を避けることを勧めるのである。インフラが失われた都市では、他人の存在はリスクにもなるのだ。

これは銃社会であるアメリカ固有の事情で、平和な日本には関係ない、と思われるかもしれないが、そんなことはない。

２０１１年の東日本大震災の直後には、人が減った街を狙った空き巣やＡＴＭ・店舗荒らしが頻発し、その様子をメディアも報じていた。

震災直後の新聞では、青森県八戸市で3月14日と15日の２日だけで11件の窃盗事件が起きたと報じているが、これは震源地から遠く離れた青森の話だ。

地震の被害が大きかった地域では状況ははるかにひどい。

壊滅的な被害を受けた宮城県仙台市の新聞社・河北新報は２０１１年3月31日に、震災発生から3月26日までの約２週間の間に窃盗被害の届けが約２９０件もあったと報じている（宮城県警発表に基づく）。１日あたり約20件だ。また、東日本大震災以外の災害でも似た事例が報告されている。

注意してほしいのは、以上の例は氷山の一角に過ぎない点だ。届け出られなかった被害は大量にあると想像されるし、窃盗以外の犯罪も多かっただろう。

被災地、災害地で横行する性犯罪

私がこう書くのは、実際に被災した方や復旧活動等に関わった知人から、犯罪の話をかなり聞かされたからでもある。いずれも表に出なかった犯罪だ。

中でも、届け出にくい犯罪である女性へのレイプなどは相当数が闇に葬られたと思われる。窃盗やレイプ以外にも次のようなケースが散見される。

・風呂やトイレを貸す、と言って女性や幼児を連れ出す
・避難所での覗きや盗撮
・震災ボランティアや消防隊を装い接近する
・避難所で、夜に見知らぬ誰かが布団の中に入ってくる

こうした性被害は、避難所の中でさえ起こっているのだ。

内閣府による避難所運営ガイドラインは「性犯罪防止策の検討が必要」との内容を盛り込んではいるが、大災害のもとで性犯罪を防ぐのは簡単ではないだろう。管理や監視といった「互助」の整備が整っていない場合はなおさら、自分自身を守るスキルが必要となってくる。

災害時に広がる「デマ」

また、治安が悪化すると流言も発生する。

東日本大震災の際も「外国人窃盗団が徘徊している」などの不確かな情報が流れた。産経ニュース（2017年1月17日配信）は、東北学院大学の郭基煥《かくきかん》教授の研究によると、東日本大震災後に外国人による犯罪が横行しているとのデマを信じた人が実に86・2パーセントにも上ると報じている。実際は、震災の年の被災3県（宮城、福島、岩手）の外国人犯罪の発生率はほぼ変化していないのだが、大多数の人はデマに流されてしまったということだ。

したがって、デマを含めた情報への対応も、都市災害の重要な要素になる。

産経の記事はデマが広まった理由として、郭教授の「『日本人は秩序正しい』というイメージが犯罪行為とはかけ離れており、これが『外国人が犯罪を行っている』というデマに発展した」という見解を載せている。

つまり、震災後に頻発した犯罪が外国人によるものに違いない、という考えは錯覚以外の何物でもないのだ。

災害は、まるで日本ではなくなったかのように治安を悪化させる。

災害後の各種の事件はきちんとメディアで報じられていたにもかかわらずおそらく国民を元気づけるために、治安の良さばかりが強調されている。これは非常に重要な配慮ではあるが、日本でも、災害後の都市では治安が悪化することを知っておかなければいけない。

どこかの避難所で人数分に満たない食料を被災者たちが分け合って食べた、という美談を耳にしたことがあるが、果たして人の多い都会ではどうなるだろうか。

災害後の犯罪に見られる二つのパターン

災害後に発生する犯罪（的行為）は、大きく二種類に分けられる。

まずは、**水や食料の強奪などの「生きるため」の行為。**これらはもちろん法的には許されないが、本能的には理解しやすいだろうと思う。

もう何日も食べていない人間が他の人間の食料を目にしたとき、脳裏に「盗む」という発想がよぎるのは、極論を承知で述べるならば、不自然ではない。あるいは自分だけならまだしも、まだ幼い自分の子どもや愛する人が、強く空腹を訴えていたらどうだろうか？　倫理観が揺らぐことはないか？

もう一つのパターンはやや理解しがたいかもしれない。それは生存のための犯罪ではなく、**人心が荒れたことによる犯罪**である。避難所でのレイプなどが相当する。

普段は善良で大人しいとされる日本人だが、ふとしたきっかけで無法状態に入ることがある。

1973年3月、埼玉県上尾市のJR上尾駅で暴動が発生した。いわゆる上尾事件だ。この時代の上尾市はすでに今のような平和なベッドタウンになっていたのだが、平日の朝、国鉄労働組合の「順法闘争」による遅延で駅にすし詰めになった出勤前のサラリーマンたちが不意に怒りを爆発させ、投石などで駅や電車を破壊したのである。

事件は機動隊の出動によってようやく収束したのだが、このとき暴れた人々はなんの思想的背景も持たない、ごく普通のサラリーマンが中心だった。それにもかかわらず、集団はイライラが頂点に達したとき、暴徒化したのである。

これは一つの事例に過ぎないが、同じようなことが災害時に起きないとは言えない。いや、やはり私が被災地で活動する人々から得た情報によると、実際に起きているという。たしかに、人々が想像を絶する災害のストレスの影響をまったく受けなかったら、むしろ不自然だと言える。

少なくとも世界的には、災害後には治安の悪化に備えることが常識になっている。もしピンとこないなら、「Urban survival（都市サバイバル）」でインターネットを検索すると、私が言うことがわかるはずだ。そこには、銃器や護身術の情報が多く含まれている。
悲しいことに、災害後の都市では「人」がリスクになりえるのだ。

都市サバイバルの流れ

さて、災害後の都市サバイバルの難しさについて述べてきたが、ここでいったん、具体的に何が起こるのかを確認してみよう。

サバイバルの定義はいくつかあるが、「発生するすべてのリスクに対処すること」はその一つだ。**リスクとは例えば大地震の場合なら、津波、寒さ、治安悪化、飲料水不足……といった具体的な出来事を指す。**したがって、サバイバルはまず、予想されるリスクを割り出すことから始まる。

この段階で漏れがあると、対策を立てられないので致命的だ。リスクの抽出はもっとも重要な作業と言っていい。抽出できなかったリスクは想定外のものになってしまう。ということは、繰り返しになるが、当然、対策案も存在しえない。無防備になるほかないのだ。

次に、こうして予想されるすべてのリスクに対して、対策を準備する。おおざっぱな流れではあるが、これでサバイバルの準備はひとまず完成である。

①リスクの割り出し
②対策の立案

当たり前に聞こえるだろうが、これがサバイバルの基本だ。

さて、本書は都市型災害でのサバイバルを説く本なので、まずは都市型災害に伴うリスクを列挙してみよう。

言い換えると、災害時の都市では何が起こるのか？　ということだ。

膨大にある都市リスク

内閣府の中央防災会議は、全閣僚および専門家たちで構成される、日本でもっとも権威ある防災組織だ。その**中央防災会議がまとめた、都市を大地震が襲った際に考えられるリスクを表で示した。**

その数の多さに驚いたのではないか。30以上もある。

しかし、実際のリスクはさらに多いとも考えられる。たとえば、「屋外転倒物、落下物」の中に「①ブロック塀・自動販売機等の転倒」とあるが、一口にブロック塀・自動販売機などの転倒といっても、具体的にはそれによるケガや圧死、倒れたブロック塀で道がふさがれることなど、さまざまなリスクが考えられる。

私がお伝えしたいのは、都市サバイバルで想定されるリスクは膨大な数にのぼるということだ。リスクの数は、森林や無人島でのサバイバルよりもはるかに多いと言えるであろう。

水や食料などサバイバルを助けてくれる材料に乏しく、人という未知の脅威もあり、リスクが膨大な都市サバイバル。

その難しさが、ご理解いただけただろうか。いったいどうすればいいんだ、と頭を抱えてしまっている読者もいるかもしれない。

しかし、心配は要らない。実は、これらすべてのリスクに対していちいち対策を立てる必要はないのだ。

それは、第一に、サバイバルには普遍的な原則があり、原則を知っていればどんなリスクにも対応しやすくなるからだ。この原則については、2章でご紹介する。

そして第二に、無数のリスクはバラバラに存在するのではなく、特定の「シナリオ」に沿う形で発生することが多いためだ。

ここで言う「シナリオ」とは、特定のリスクの発生前・発生時・発生後までを含む一連の流れのことだ。シナリオを事前に、物語のようにイメージすることは極めて重要なプロセスである。

図1　都市型災害で想定されるリスク

区分	リスク	想定される被害
1	建物被害	① 建物被害
		② 火災の発生
2	屋外転倒物、落下物	① ブロック塀・自動販売機等の転倒
3	人的被害	① 暴徒化
		② 性犯罪
		③ デマ
4	ライフライン被害	① 上水道
		② 下水道
		③ 電力
		④ 通信
		⑤ ガス（都市ガス）
5	交通施設被害	① 道路（高速道路、一般道路）
		② 鉄道
		③ 港湾
		④ 空港
6	生活への影響	① 避難者
		② 帰宅困難者
		③ 物資
		④ 医療機能
		⑤ 保健衛生、防疫、遺体処理等

7	災害廃棄物等	① 災害廃棄物等
8	その他の被害	① エレベータ内閉じ込め
		② 長周期地震動による高層ビル等への影響
		③ 道路閉塞
		④ 道路上の自動車への落石・崩土
		⑤ 交通人的被害（道路）
		⑥ 交通人的被害（鉄道）
		⑦ 災害時要援護者
		⑧ 震災関連死
		⑨ 造成宅地
		⑩ 危険物・コンビナート施設
		⑪ 大規模集客施設等
		⑫ 地下街・ターミナル駅
		⑬ 文化財
		⑭ 堰堤・ため池等の決壊
		⑮ 海岸保全施設・河川管理施設の沈下等
		⑯ 複合災害
		⑰ 治安
		⑱ 社会経済活動の中枢機能への影響
		⑲ 行政の災害応急対策等への影響

※中央防災会議首都直下地震対策検討ワーキンググループ「首都直下地震の被害想定と対策について（最終報告）」を基に作成

なぜなら、一つのリスクに対してシナリオを立てると、そのシナリオには他のリスクも含まれることが多いからである。たとえばブロック塀の倒壊リスクに対するシナリオを立てようとすると、似た他のリスクにも応用可能なのだ。

シナリオの作り方とその重要性については、改めて3章で解説しよう。

最後に一つだけ、サバイバルでもっとも重要な原則をお伝えしておく。

それは、楽観的であることだ。

不思議なことに、どんな状況でも、生き延びた人たちにはある意味楽観的で前向きだったという共通点があるのだ。彼らは絶望的な状況でも目の前にあるできることに着目し、時には窮地に陥った自分自身を笑ったりもしている。

そんなマインドセットが生還に繋がったのではないだろうか。

大丈夫。生き残る道は必ずあるのだ。

第2章

生き延びるための原則

サバイバルを成功させるのは「オーダーメイド」のみ

1章では、インフラを失った都市が極めて危険なこと、サバイバルは予想されるリスクを事前に抽出できて初めて対策を準備できること、そして事前にリスクの「シナリオ」をイメージすることが重要であるとお伝えした。

サバイバルとはシナリオ作りなのだ。

サバイバルのシナリオとは、前述の通り、災害発生から生還までを時系列に沿って描いたものだ。間違えてはならないのは、シナリオとは、単にリスクと対策の組み合わせを集めたものではなく、それらの「流れ」であるという点だ。「地震の揺れ－机にもぐる」「断水－飲料水の備蓄」「電車のストップ－徒歩での帰宅」などはシナリオの要素ではあるが、それぞれは断片的な情報にすぎない。

更に注意していただきたいのは、これら断片的な情報は、抽象的な一般論であり、ピントが合っていないことだ。

たとえば「地震が来たら机の下にもぐる」を例にあげると、単身者の家にはしっかりとした机がないケースもあり、もぐる場所がない可能性がある。

また、状況によっては机の下にもぐるより一刻も早く外に出た方が良い場合もある。サバイバルのシナリオは、一般論では到底カバーできるものではない。全員に当てはまるシナリオはないのだ。

このことは、サバイバルには個々人の特性や生活に合わせた「オーダーメイド」しかありえないことを意味している。**既製品のサバイバル術は機能しない場合が多いのだ。**もちろん、偶然あなたの置かれている状況にぴったり合えば別だが、その可能性は決して高くはない。


ところが、われわれが目にする雑誌やテレビでサバイバル術と呼ばれているものは、「野生動物を食べる」とか「乾電池で火を起こす」などの既製品である。これらは、見たり読んだりして楽しめるように派手に演出されている場合が多いし、何よりもシナリオではなく、断片的な情報に過ぎない。

こういった情報に触れることは無駄ではないが、それよりも、事前に予想されるリスク（ガスが止まり火が得られない、など）を前提としたシナリオを立てられれば、前もってマッチやライターを備えておく事ができる。その方が、はるかに有効だろう。

それでも既製品のサバイバル術ばかりが流通しているのは、既製品の服ばかりが売られているのと同じで、そのほうが簡単でハードルが低いからだろう。

体を採寸してオーダーメイドの服を発注するには、買う側も売る側も手間がかかる。それよりは、大量生産の規格品を売ったほうが、売る側も買う側も楽なのだ。

しかし、あなたにぴったり合うのは、既製品ではなく、オーダーメイドの服なのである。

サバイバルには普遍的な原則がある

本章では、オーダーメイドのサバイバルプランを立てる前に知っておきたい、サバイバルの普遍的な原則をお伝えする。

これらは、私がアメリカの先住民の教えやブッシュクラフト、自衛官、海外の軍人などから学んだ概念を私なりに、時系列に沿って整理したものである。欧米の危機管理の専門家や自衛隊（軍）関係者にとってはなじみ深いものもあるはずだ。

ただし留意していただきたいのは、普遍的といっても、例外は多くあるということだ。サバイバルや危機管理には「絶対」は存在しない。

よく「Expect unexpected.（想定外を想定せよ）」という言葉が言われるが、生き延びるためには予断や断定を避けなければいけない。

危機に襲われたら「S・T・O・P」せよ

災害に限らず、危機に襲われた瞬間にサバイバルは始まる。

危機に襲われた瞬間にわれわれができることは極めて少ない。ほぼ何もできないと思っていた方がよい。

襲ってくる危機の種類はさまざまだ。自然災害や交通事故、犯罪、危険な野生生物、自分が遭難したことに気づいた瞬間、暴漢による襲撃などいろいろあるが、そんなときのためにこそ覚えておいてほしい行動指標が「危機の瞬間には『S・T・O・P』せよ」というものだ。

「S・T・O・P」とは、「Stop」（止まる）「Think」（考える）「Observe」（観察）「Plan」（計画）の頭文字をとったもので、サバイバルの基本として世界的に知られている。出所はもちろん英語圏だろうが、サバイバルや危機管理に携わる人なら知っていることが多いだろう。

ではその内容を、順に説明していこう。

その場でじっとして安全を確保する

最初に来る「Stop」は、パニックにならずにじっとしろ、という意味だ。

図2　危機に直面したら「S・T・O・P」せよ

S	top（止まる）
T	hink（考える）
O	bserve（観察）
P	lan（計画）

危機に襲われると、人はどうしてもパニックになり、コントロールされない形で動き出してしまうことがある。これは致命的である。

２０１６年の熊本の大震災を報じるニュースを見ていた時のことだ。画面には余震が続く中、倒壊の恐れから家に入れず、その前でただ立ち尽くす一家が映し出されていた。

そのとき、大きな余震が襲ってきた。すると、一人がパニックを起こして走り出してしまったのだ。恐怖のあまり体が勝手に動いたのだろう。しかしその人に明確な目的地などない。

パニック状態では誰でもやってしまう反射的な動きではあるが、これこそ抑止しなければいけない動きだ。

何も考えずに走り出すと、危険な場所に出てしまったり、落下物に当たったり、破壊された電線に感電したりする恐れがある。

転んでケガをするくらいで済めば御の字だ。

もちろん、瞬時に動いたほうがいいように思われるケースもあるだろう。津波が襲ってきたとか、暴漢に襲われた場合などだ。

しかしそのような緊急時でも、サバイバルのプロフェッショナルやボディガードなどの訓練された人々は、一瞬だけ「S・T・O・P」していると言われている。コンマ数秒でいいから、恐怖で動きだしそうな体を押さえつけ、冷静に状況を判断するのがプロなのだ。

パニックに陥らずに、あてもなく突発的に動いてしまう体をまずStopできるかどうか。サバイバルの世界では、これが最初の生死の分かれ目だと言われている。

逆に、危機に際してまったく動けなくなってしまうこともある。それが、「カウンターパニック」と呼ばれる状態だ。

「カウンターパニック」を利用する

カウンターパニックとは、危機が発生した瞬間に、ヘビに睨まれたカエルのように動きが固まってしまうことを指す。軍隊や危機管理の専門家の間では、否定的なニュアンスで使われることが多い。

それはそうだろう。急に敵に襲われた際や、警護している要人が襲撃されたときに固まってしまっては役に立たない。

だが、私たちは軍人ではない。そしてここからが重要なのだが、一般人にとってのカウンターパニックは、先ほどご紹介したStopに相当すると言えないこともない。まったく動きがとれず、固まってしまうのだから。

そう捉えると、軍人などを除く一般人の場合、パニックによって下手に動き回るよりは、カウンターパニックを逆手にとって「動けない」を利用する方がまだ生存率は高いと言えるのではないかと考えている。

危機に陥った際にパニックになって動き回るか、それともカウンターパニックになって固まってしまうかは個人差がある。あなたがどちらのタイプに属しているかは、東日本大震災を経験した方なら、あの揺れが襲ってきた瞬間にどういう反応を示したかを思い出していただければわかるだろう（もちろん他の大震災でもいい）。固まってしまった方も多いのではないかと思う。私の個人的な聞き取りでは、カウンターパニックで固まる方のほうが多かった。

そういう方は、危機の瞬間に何もできなかったご自身を情けなく思っているかもしれないが、恥じる必要はない。ごく自然だからだ。

アクション映画の主人公のように冷静に反応するのは、毎日、訓練でもしていないかぎりかなり難しい。一般人には複雑な行動はまずとれないと思うべきだ。

われわれ一般人が固まってしまうのは当然だし、一度固まってしまうと自分の意思で動き出すのは難しいと言われている。カウンターパニックに陥るタイプの方はむしろラッキーだと思ってしまおう。重要な最初のステップである「Stop」が、もう身についているのだから。

見方を変えると、カウンターパニックは危機に対応する手段として自然に体に備わっているものだ、とも考えられる。

氷が張っている水に落ちてしまった場合に生き残るポイントは、まずは数秒ほどじっとし、突発的に襲ってくるショック症状をやり過ごすことだと言われている。氷水に落ちると殺人的な冷たさが瞬間的に体を襲い、一瞬で呼吸困難のようになる。人はパニックに陥ってもがこうとするだろうが、体は固まり、スムーズに動かない。おそらく体が一種のカウンターパニックに陥っているのである。

体が固まっている最中に無理に動こうとすると、急激に消耗し、結果的に死亡する確率が高まると言われている。だからこんな場合は体を無理に動かさず、呼吸を整え、身心が落ち着いてから脱出行動を開始するのである。実はこの過程に「S・T・O・

P」のすべてが凝縮されているのだが、それは順に説明していく。

ヘビに睨まれたカエルのように、と書いたが、思えば危機に際して体が固まるのは人間を含む動物にも、多々見られる現象である。もしかすると、身心が危機的状況に順応するために必要な時間なのかもしれない。

そして「自然に備わっている力を活かす」という考え方はサバイバルでは極めて重要なので、念頭においてほしい。

さて、次の「Think」は直訳すると「考えること」となるが、実際には「ラッシュ状態になって混乱している頭を落ち着かせる」という意味で使われることが多い。言い換えるなら、脳をStopさせることだ。

体を落ち着かせるのがStopで、頭を落ち着かせるのがThinkだと考えると分かりやすい。この2つは事実上セットであるとも言える。

落ち着いたら、周囲を観察せよ

次の「Observe」は、「観察」である。

落ち着いた身心で今置かれている状況を観察、把握するということだ。というより、落ち着いた状態になって初めて状況観察できる、と解釈したほうが正確だ。状況を理解できなければ生還するための手段も考えられない。

今、何が起こっているのか？

危険なものはどこに存在しているのか？

それらを突き止めなければいけない。

前述のカウンターパニックも含め、StopからObserveへの流れは自然とわれわれが行っているものである。

部屋の中で「ん？　なんか臭うぞ？」と言われた状況を思い浮かべてほしい。体の動きを止め、頭をクリアにし、Observe（観察）を始めるはずだ。

あれこそ、私がここで説明したいObserveである。Stop から Thinkイコール身心を落ち着かせると感覚が鋭敏になり、危険の正体を突き止めやすいのだ。

視覚だけに頼らなければ、感覚は鋭敏になる

もう一点、Observeする際に非常に役立つ、ワイドアングルビジョン（広範囲視野）という視点の持ち方をご紹介しよう。五感を豊かに働かせるためのコツ、方法である。

人間は視覚からもっとも多くの情報を得る。そればかりか、視覚以外の聴覚、嗅覚などの感覚も、視覚に「引っ張られる」と言われている。

テレビを見ているときは、視覚以外の感覚も視覚が注意する先、すなわちテレビに集中し、そこから感じられる匂いのイメージ（嗅覚）や質感（触感）などを視覚から拾おうとする。だが目の焦点を合わせず、視野全体をぼーっと見るようにすると、他

の感覚もその広範囲視野に引っ張られ、広がっていくのである。要するに、情報を広く集められるのだ。

危機に際してあなたが集めるべき情報は断片でなく全体であり、頭ではなく感覚で感じ取るべきものである。

状況把握には、非常に有効なワイドアングルビジョンを、ぜひ普段から練習してみてほしい。

ただし忘れないでいただきたいのは、ワイドアングルビジョンと対極にある、特定のものに焦点を合わせる「トンネルビジョン」にも利点はあるということだ。トンネルビジョンはわれわれが現代生活で多用しているものの見方だが、情報を論理的に整理したり、個々の詳細を認識するには必須である。

したがって、ワイドアングルビジョンとトンネルビジョンは併用しなければいけない。車の運転をしている際なら、ワイドアングルビジョンで他の車や歩行者の動きを広範囲にとらえ、トンネルビジョンで標識などを読んで意味を認識する、という具合である。ネイティブアメリカンの教えでは、野生動物もワイドアングルビジョンとトンネルビジョンをうまく使い分けると言う。われわれもそれにならってみてはどうだろう。

生死を分ける「7秒」

「Stop」「Think」「Observe」で状況を把握できたら、最後に「Plan」だ。これは行動の計画ということになるが、実際は行動そのもの（Act）の意味で使われることも多い。おそらく「S・T・O・P」のごろ合わせに収めるために無理にPlanと呼んでいるので、「生き延びるために計画し、行動を開始する」くらいに捉えたほうがいいだろう。この「S・T・O・P」を心得ていると、危機に直面した瞬間にパニックになって的外れで反射的な行動をしてしまうことが少なくなる。

警護のプロの世界では、危機が発生し、身心をStopさせてからPlanによって動き出すまでを、7秒以内に完結させなければいけないと言われる。これは、テロリストなどの襲撃から制圧までが7秒前後で完結することに由来している。もちろん都市災害対策は要人警護とは異なるが、地震などの危機的事態も短時間の出来事だから、時間感覚はあまり変わらない。

この時間の短さから、危機が発生した際に動くことの難しさが容易に想像できるだろう。私はよく、「大地震の最中はどうすればいいですか」と聞かれる。おそらく机の下にもぐるとか、遮蔽物《しゃへいぶつ》の陰に入るといった答えを期待しているのだろうが、私はまず、「何もできないと思っておくところから始めましょう」と答えることにしている。

要人警護にあたる特殊部隊やボディガードとうプロフェッショナルでも、実際に襲撃が発生した場合はほとんど何もできないことを自覚している。したがって、彼らは極めて単純なPlanだけを立て、繰り返し訓練する。どのくらい単純かというと、「銃声のほうに走る」とか、その程度である。

訓練された軍人でも、危機の最中にはこのくらいのことしかできないのだ。だから一般人が何もできないのは自然なことである。

ただ、「何もできない」という答えは、決して諦めではない。むしろ逆で、**自然体で本能的に「その時」に生まれた行動をする、という意味でもある。**本能を取り戻すことこそが、生き延びるための最短ルートなのだ。

話を戻すと、場合によっては危機発生から数秒のうちにPlan＝行動を始めなければいけない。

ここで威力を発揮するのが、事前準備だ。日頃から災害に備えて、しっかりとしたシナリオがイメージされていればいるほど、すばやく、適切なPlanがその場で生まれ的を得た行動に移れる可能性が高まる。だから災害への備えとして、3章で紹介するプランを立てておくことが重要なのである。

命の五要素と優先順位

実際の災害対策プランを立てる前に、もう一つサバイバルの原則を紹介する。

被災した人々の多くは、ライフラインの寸断という状況に陥る。S・T・O・Pに当てはめると、落ち着いて（S・T）状況を把握し、電気やガス、水道などが止まってしまっていることに気付くわけだ（O）。

そんな状況に備え、前もってPlanしておけば、スムーズにその状況を切り抜けられるのである。タイムリミットを意識しながら、生存のために必要なものを確保するという、まさにサバイバル活動に入るのだ。ライフラインの寸断は、災害に限らず遭難などの場合でも想定されるが、どんな場合でも克服するための原則は変わらないので、ぜひ覚えておこう。

人が生きるために必要なものは五つほどある。私はそれらを「命の五要素」と呼んでいるが、何かお分かりになるだろうか。読み進める前に少し考えて欲しい。水と、食料と……あとは何だろう？

答えは、次の五つだ。

空気、シェルター（体温保持）、水、火、食料である。この五つの要素を獲得、または保持できればわれわれは命を繋ぐことが出来る。空気は当たり前すぎて見落とすこともあるが、シェルターは少し意外だっただろうか。だが、これから説明するよう

図3　命の五要素

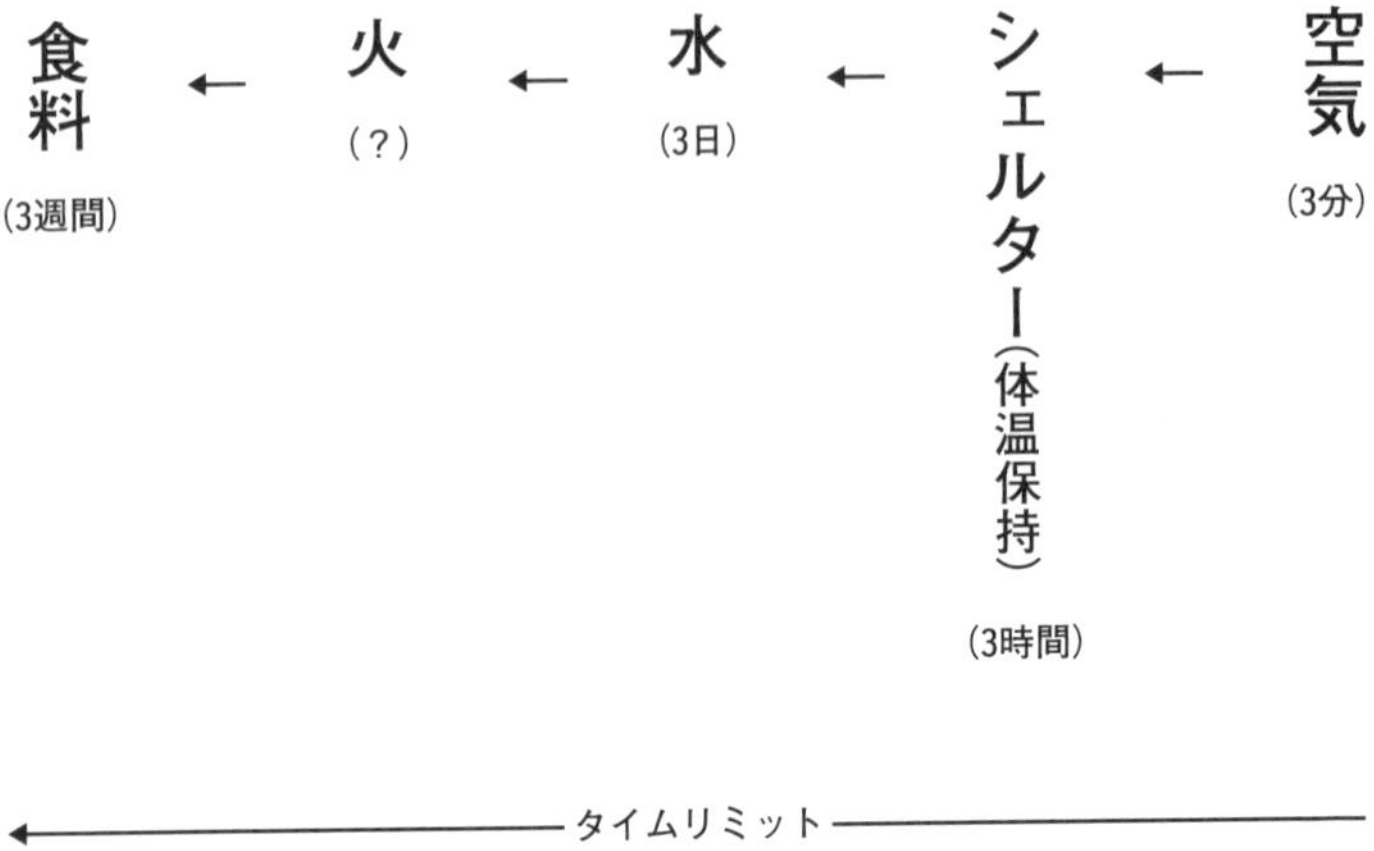

に、体温保持は極めて重要である。

この並びも意味がある。「それぞれの要素がなかったら、これだけしか生きられない」という意味でのタイムリミットが短い順に並べてあるのだ。たとえば、人は空気がない（呼吸ができない）状態ではせいぜい3分ほどしか生きられない。いや、実際に意識を保ち、行動できるのは1分に満たないかもしれない。ここでのタイムリミットは、あくまで単独でサバイバル状況に陥った場合を示しており、他に救助隊などがいる場合はこの限りではない。そのタイムリミット内に空気を入手できなければ死ぬということだ。

なぜ体温を守ることが優先されるのか

空気の次にタイムリミットが短い要素は何かというと、水でも食料でもなく、体温なのだ。

サバイバルな状況でもっとも多い死因は、圧倒的に凍死である。凍死というと雪山で雪に埋もれて凍り付く、というような例外的な死に方を想像されるかもしれないが、それは違う。凍死は「カチンコチンに凍って死ぬ」ことを意味しているのではなく、低体温症による死のことである。

低体温症は体の深部の温度が35度を下回ることを指すので、人体にとってはわずか数度の温度低下も致命的であることがわかる。標準的な水温（20度〜24度程度）のプールに長時間入っているだけでも凍死するリスクがあるのはそのためだ。

凍死は、都市部でもしばしば見られる、とても身近な脅威である。

どのくらい身近というと、日本では凍死による死者が熱中症による死者をはるかに上回るほどだ。冬場に酔っ払ったまま寝てしまい、そのまま凍死するケースが後を絶たないという。中には屋内で凍死する例も少なくないそうだ。

私たちが冬でも凍死しないのは雨風を防ぐ家と適切な衣服、そして暖房があるからだが、災害によりインフラが途絶するとこれらを入手できない可能性がある。すると空気を失った人がやがて死ぬように、われわれは死に近づいていく。

春や秋、状況によっては夏でも3時間程度で凍死する恐れがあるのだ。

もちろん、凍った水に落ちたりしたら、凍死まで3時間もかからない。3時間という表現には、夏でも数時間で低体温症に陥る可能性があるという、教訓としての意味も含まれている。

3時間というタイムリミットは、これから紹介する水や食料のタイムリミットよりもずっと短い。さらに付け加えると、低体温症の症状が出てしまうと頭も体も言うことを聞かなくなるため、実際のタイムリミットは3時間より短いと考えるべきだ。サバイバルでは極めて優先順位が高い要素なのである。

水さえあれば……

次にタイムリミットが短いのは飲料水である。その時間は、72時間。

ただし、ここでも72時間というのは「水なしで生きられる」時間であり、24時間以内に入手すべきだとも言われている。

災害や遭難の際に報道でよく見かける「レスキューのタイムリミットは72時間」という表現は、この飲料水のタイムリミットに由来している。

実際は先に説明したように、体温保持のハードルが極めて重要だ。東日本大震災でも、揺れや津波の被害から逃れられても、当日夜の寒さに耐えられず凍死した人は少なくない。しかし凍死を免れたならば、72時間以内に救出できれば命を救えるということだ。

火のありがたさ

火はわれわれに光と熱を与えてくれる。われわれが日常生活で、「光熱」費を払っていることからも、光と熱の重要性は容易にうかがえる。火がなくても命を維持できる場合はあるが、それは、火以外のものから光や熱を得ている場合が多い。

火をおこすと暖を取れるので体温を保持することができる。また、飲用水を手に入れるためには煮沸消毒が必要になるケースが多いのだが、その際にも火は役立つ。

それだけではなく、火は暗闇に明かりをもたらしてくれるし、温かい食べ物を作ることもできる。火は一種の精神的エネルギーという、とても重要な要素をもたらしてくれるのだ。体温保持の手段と飲用水、食料があれば人は生きられるように思えるが、実際は夜の明かりや温かい食べ物がないと、人間はどんどん消耗することが知られている。

火が人類にもたらしたものの大きさを忘れてはならない。

人は食料がなくても3週間生きられる

さて、命の五要素の最後が食料である。最後なのはタイムリミットが極端に長く、3週間ほどあるからだ。実は、人は3週間近くも食べ物なしで生きることができるのである。よく、「自分の体を食う」というような表現が使われるが、体に蓄えた脂肪などがエネルギーになるからだ。

サバイバルというと野草を採ったり、野生動物を食べたりすることを思い浮かべる人が多いかもしれないが、実際のところ食料の優先順位は最後でいい。災害発生から3週間も経てば、救助が来る可能性が高いからである。実はサバイバルな状況で餓死するケースは非常に少なく、食料の有無がただちに生死を分ける可能性は低い。

もっとも、食料がどうでもいいということではない。心のエネルギーを保つ上では食べ物は極めて大きな効果がある。3週間も食べ物なしで生きようと思っても、精神面が持たない恐れもある。

とはいえ、「食料なしでも3週間は死なない」という知識を持っておくだけでも大きな意味がある。「食べ物がない！」とパニックに陥ることがなくなり、精神的に余裕が生まれるだろう。

サバイバルは簡単ではないが、難しくもない

改めてまとめよう。体温を奪われないようにし、飲める水があり、光と熱＝火があれば、まったく食べなかったとしても3週間近く生きることができる（もちろん、体調を崩したりケガをしたりの場合は除く）。

東日本大震災のような記録的な大地震でも、災害から3週間経っても救助が来ないことはなかった。

「命の五要素」の火までが揃っていれば、サバイバルに成功する可能性は高い。

サバイバルは簡単ではないが、要点さえ押さえれば皆さんが想像するほど難しくは

ない。寂しく、心細く、非常にひもじいかもしれないが、生きられるということを覚えておこう。

家に何をどのくらい備蓄しておくべきか、非常用持ち出し袋に何を入れておくべきかを考える際にも「空気→シェルター→水→火→食料」という原則に従うのはいい方法だ。

ただし、この優先順位は、必ずしもそれぞれの要素を獲得する順番という意味ではない。そうではなく、チェックする順番と考えよう。今の状況を感じ取り、まずは体温を保てるかをチェックする。もし保持できるならば、次には水があるかをチェックする。これについてはこれから詳しく見ていこう。

「得ること」よりも「守ること」を優先する

命の五要素に共通する、極めて重要な原則がある。

それは、**サバイバルでは「得ること」よりも「守ること」を優先せよ、**ということだ。この原則は、得ることを強調する「サバイバル」イメージの流布によって忘れられてしまっている。

食料確保について考えてみよう。野草や果物を集めるにせよ、動物を狩るにせよ、大原則は、得るための消費カロリーが得られるカロリーを下回ることだ。一日中山野を這いずり回った結果、得られたのが木の実一つではエネルギー収支は大幅なマイナスになり、気落ちの面でもダメージとなる。死を早めるだけである。

お伝えしたように、人体には3週間生きられるだけのエネルギーが蓄積されているのだ。だから、状況次第ではむしろじっとしていたほうが命は長引くだろう。

現代人であるわれわれは、「得る」ことの大変さを忘れがちである。

大切なのはカロリーだけではないが、日本人の成人男性は一日中動くと３０００キロカロリーを超えるエネルギーを消費するという。３０００キロカロリーというと、バナナなら30本以上、大きなリンゴでも20個以上は必要になる。自然界にはスーパーに並んでいるような人工的に可食部を増やした食物はないから、カロリーを手に入れるのはもっと大変である。

だからこそシェルター、水、火という三要素をしっかりと手に入れ、長期間サバイバルできる、安定した状況を整えてから本格的に食料を獲得しにいくべきなのである。もちろん、基本の三要素を獲得する途中で野草などの食材を得るチャンスがあれば無視する必要はないのだが、短期間のサバイバルでは食物を得ることにエネルギーを費やす事が現実的ではないとさえ言えることがお分かりいただけるだろうか。

ちなみに原始生活的なサバイバルを実践する、追求する人々の中には、カロリー重視志向を否定する人も少なくない。野草などの原始の食料は低カロリーだが、栄養素の凝縮度合いが非常に高く、少ないカロリーで十分な栄養がとれるとからであろう。

サバイバルを扱うテレビ番組などでは、ヘビなどのゲテモノを食べるシーンがよく出てくる。番組を派手にするためなのかもしれないが、ヘビや動物、虫などを捕まえるのは、未経験者にとっては大変である。

それは、狩りの消費エネルギーを節約するために狩りの技術や罠の技術が発展したことからもわかるだろう。サバイバル食の王様が野草と言われるのも、入手しやすいからだ。ましてや、捕まえた獲物の詳細を認識せずに生で食べるのも非常に危険だ。

「得る」より「守る」べし、という原則は食料以外にも当てはまる。

サバイバルに派手さはない

体温保持もそうだ。体温についても食べ物のように「得る」と「守る」の二つの選択肢がある。

衣類を着こんだり、身の回りに断熱材を置いて熱が逃げないようにしたりするのは「守り」。一方で、火を起こすのは熱を「得る」ための手段だ。

ちなみに、火をおこさなければ体温が保持できない場合は、シェルター＝体温保持よりも火の優先順位が高まるので、空気→シェルター→水→火→食料の順番は普遍的ではないとする意見もあるが、ここではそう考えない。火を起こそうが、着こもうが、何をしてでもとにかく体温保持を優先させるという意味での順位であり、手段の優先順位に言及するものではないからだ。

体温を守れない状態ならば火をおこすことを考えなければいけないが、火によって熱を得ようとすると、火をおこしたり薪を確保したりと手間もリスクも生じる。だから、最初に検討すべきは今ある熱を守るための方法である。

飲料水も同じ。飲める水を得るのはそう簡単ではないので、汗をかかないように心がけるほうが優先される。

したがって、やみくもに得る事だけを考えず、状況をしっかりと把握し、本当に得るための行動が必要なのかどうかを見極めるべきである。

サバイバルというと、とにかく獲得する、得るというイメージが先行するかもしれない。小動物を捕らえて食べる、火をおこす、飲料水を作る……。

たしかに「得る」行為はドラマチックで派手だが、「守る」ことができなかった場合のプランBだと考えよう。

サバイバルの目的は生き残ることなので、無駄な行為は排除しなければいけない。

サバイバルは、実はとても地味なのだ。

ゆっくり動き、ゆっくり考える

サバイバルの地味さは、動き方にも表れる。

とにかくゆっくり動くことを心がける。

歩くときも、一歩一歩踏みしめるようにゆっくりと歩く。具体的に1時間に何キロがいいという問題ではなく、気持ちにある程度のゆとりが生まれるペースで歩く、という意味だ。決して走ったりはしない。

これは第一には安全のためである。サバイバルな環境には危険が多いから、転倒や滑落などのリスクを極力減らしたい。**ケガをするイコール死を意味するくらいの心構えを持つべきである。**

作業をするときも、ゆっくりを意識し、一つ一つの作業をしっかりと積み重ねていくように作業をする。そうすることで自分の今の動きや行為の先にある結果をイメージしやすくなる。もちろん、ケガを防ぐためのもっとも原始的な危険回避法だと言える。

ゆっくり動く事の利点は他にもある。感覚を鋭くし、想像力を豊かに働かせやすくなる。慌ただしく動いていると感覚は鈍り、「イメージする」という非常に重要なサバイバル能力が雑になってしまう。

試しに、ここでいったん本書から目を離し、深く深呼吸をしてみてほしい。目に入っていた力を解き放つように、ワイドアングルビジョンにしてみよう。

文字を追うことに集中していた視覚が自由になり、感覚が急激に豊かにならないだろうか。あなたは自分の部屋か、喫茶店か、あるいは通勤電車の中にいるのかもしれないが、そこは独特の匂いや音に満ちているに違いない。周囲の人のざわめき、遠くを走る自動車、空調などの音。コーヒー、部屋の壁紙、あるいはあなた自身の体臭。電車の振動や座っている椅子の背もたれのきしみ……。

それこそが本物の「今」である。その「今」を一つ一つていねいに積み上げる事がサバイバルであり、未来を作る事だと考えよう。そして今皆さんが感じている通り、われわれが生きる世界は感覚情報に満ちているのだ。

しかし、われわれ現代人は二面的で大量の情報に忙殺され自然の豊かさを忘れてしまっている。それは現代人としての生き方なのかもしれないが、サバイバルでは時に大きな障害となる。

たとえば山で道に迷ったときには、聴覚や触覚が重大な役割を果たす。かすかな自動車のエンジン音を聞き分ける事ができれば、遠く離れた道路の方向がわかるかもしれない。湿度が急に増したと肌が感じたならば、近くに湧き水や沢があるサインの可能性がある。視覚だけで得られる情報には限界がある。

視覚以外の感覚情報も、無意識のレベルでは知覚されている。

あなたは先ほど、本書から目を離した瞬間に空調の音や窓の外の騒音に気づいたかもしれないが、あなたが本を読んでいた間も空調は働いていたし窓の外では車が走っていたのだから、音は耳に入っていたはずである。

しかし本に集中していたから音は無意識のレベルにとどまり、意識されるレベルに移行しなかったのだ。「S・T・O・P」で**身心を落ち着かせてゆっくりと動くのは、無意識のレベルで処理されがちな多様な情報にアクセスするためでもある。**

そしてサバイバルでは、どれだけの感覚情報を集められるかが生死を分ける。それは、情報の多さは予測の精度を上げるからである。

暑い時期、急に雲が出て空気の湿度が上がり、埃っぽい匂いが立ち込めてきたら夕立の兆候である。このように、豊かな感覚情報はこの先なにが起こるかを教えてくれるのだが、現代人の多くは肌で感じる湿度や空気の匂いを意識することはない。それは、われわれが慌ただしく一日を過ごしていることと関係があるだろう。

課題が明確ならばモチベーションを保てる

この章でお伝えした原則は、ぜひ覚えておいてほしい。というのも、「S・T・O・P」や「命の五要素」は、多種多様な状況に当てはめられる法則だからだ。さまざまな状況下で「何をすべきか」を明確にしてくれる。

サバイバル状況下で**怖いのは生きる気力を失うケースである。**

普通なら助かることができた状況なのに力尽きてしまう場合や、自ら危険なほうに進んでしまい、命を落とすケースは少なくない。

生き抜くためのモチベーションを失ってしまったのだ。

生きる気力を失うのは、何をすべきかを見失ってしまうことによる場合が多い。

よく危機に際して幼い子どもや家族の顔を思い浮かべて奮起する話を聞くが、これは生きる目的を明確にできたからモチベーションが湧いた、と解釈できる。

サバイバルのリスクに対しても同じことが言える。

どう対処すべきか、何が起こるかがわからないとパニックに陥ったり自暴自棄になったりするが、「To Do」がはっきりしていればそれを防げるかもしれない。

都市災害に対して非常持ち出し袋を作ったり避難訓練をしたりするのは、いざという時に何をすべきかを明確にする効果がある。

準備は気力に繋がり、気力はモチベーションとなるのだ。

自信を持ち、現実を肯定する

最後にお伝えしたいのは、自信を持つことの大切さだ。自分には生きる力が備わっているという、生き物としての根本的な自信だ。

私は危機管理の啓蒙活動と並行してブッシュクラフトのスクールも行っているが、

ブッシュクラフトの根本的な目的の一つは、さまざまなサバイバル技術を身につけることによって生き物としての能力と価値を再確認することにある。

現代社会は、企業などの巨大組織とコンピュータによって動いている。自分はその歯車に過ぎないと錯覚してしまう人も多いだろう。生身の人間がねぐらを作り、動物を狩ったり野草を集めたりして暮らしていた時代は遠く去った。

もちろん科学技術の進歩による恩恵には計り知れないものがあるが、その代償として、われわれは野生動物としての自信を失ってしまった。

火をおこしたり動物を捕まえたりしたわれわれの先祖は、生きる糧を自ら手に入れる自分の力に自信を持っていただろう。スーパーで肉を購入するだけでは得られない自信であろう。

ブッシュクラフトには、そんな自信をつけることの出来る不思議なパワーがあると思う。

話を戻すと、**サバイバルには自信が必要なのである。**危機的な状況でもわずかな可能性を信じられる自信が。

自信というと、一本筋の通った、しっかりと固まったものをイメージするかもしれないが、ここで言う自信とは、もっと柔軟なものである。ネイティブアメリカンの教えでは、強さ＝柔軟性だという。

粗探しをせず、どんな状況をも味方につけられるような、大らかな心を持つこと。良い意味で、こうあるべき、こうなるべきという気持ちを捨て、期待を持たないが故に現れる自信。そこに、先に述べた楽観的が加われば、サバイバルできる可能性は、きっと高まるに違いない。私は本書を通してそんな自信を提供したいと思っている。

第3章

命を繋ぐもの

さて、都市サバイバルの法則を確認したところで、非常時の備蓄と、避難する場合の非常用持ち出し袋の作り方の一例を紹介してみよう。

やや唐突に思われるかもしれないが、サバイバルの法則を踏まえた備蓄の考え方、非常用持ち出し袋の作り方はここまでのいい復習にもなる。

サバイバルの理想は日常を継続すること

サバイバルは日常に近ければ近いほど成功と言える。

もし大災害が発生しても、家の中のものを消費しつつ「外に出なかった休日」くらいで過ごすことができるのが理想だ。

そう、どんな災害が起こった場合でも、最高の避難場所の一つはあなたの家である。家には水や食料はじめ「命の五要素」を守るためのものがあり、居心地もいい。

しかし火災や倒壊の恐れなどで家にいられなくなった場合は外に逃げるしかない。

その場合必要になるのが非常用持ち出し袋である。

市販の持ち出し袋も悪くはないが、サバイバルはオーダーメイドであることを思い出そう。あなたの命を救う最高の持ち出し袋は、あなたにしか作れない。

自分を救う、サバイバルグッズの法則

まずは持ち出し袋にするためのザックを用意する……と思っている方もいるかもしれないが、入れ物を購入するのは最後だ。中に入れるものを確定してから、それらが収まる最小サイズのザックを用意しよう。

持ち出し袋の中身の選び方には、きちんとした法則があるべきである。ただなんとなく食料、水、軍手も……という、取りとめもない作り方は避けたい。

そこで先ほどのサバイバルの法則、「命の五要素」（P49）を背骨としよう。五要素を最優先に考えると、色々と見えてくる。たとえばポータブルトイレはあったほうが

いいが、なくても命を落とすことはないので、後回しだ。命を守るものを優先的に詰め込むということだ。

また、可能な限りバックアップを用意することを忘れてはならない。**プランAだけでは不十分で、プランBも、できればプランCまで用意しておきたい。**

自分の位置を救助者に知らせるシグナリングの道具なら、「ホイッスルか、それともミラーか」ではなく、どちらも持ち出し袋に入れておくべきだ。仮にホイッスル（聴覚的シグナリング）が効果を発揮しないシチュエーションでも、ミラーで視覚的にアピールできる。

そしてプランCとして、たとえば後述するサイリウムを入れておく。コンサート会場などで使われるあのサイリウムだ。

このようにバックアップ（案）を用意することは持ち出し袋以外についても当てはまるので、覚えておいてほしい。

空気を確保するフードとマスク

命の五要素の最初に来るものは空気だった。では空気が不足する状況とは？
いくつか考えられるが、ただちに命にかかわるのは火災に巻き込まれたときの煙である。大きな地震には火災がつきものであり、火災による死者のほとんどは一酸化炭素中毒や有毒ガスが原因である（「焼死」に分類されるケースも直接の死因は煙であることがほとんどだ）。

たとえば煙の中を突破するためのフードが販売されているので、持ち出し袋の取り出しやすい場所に入れておきたい。多くは大きなビニール袋のような形になっており、空気を入れてから頭にかぶせると煙の中でも数十秒～数分程度呼吸を維持できる。その間に安全な場所に逃げるというわけだ。

空気を守らなければいけないもう一つの状況は、建物の倒壊などに伴う粉じんやアスベストである。これらはただちに命を奪うものではないが、長期的に見た場合害をもたらす恐れがある。

粉じんに対しては、防じんマスクが効果を発揮する。価格はピンキリだが、必ずしも高いものを買う必要はない。10枚から20枚程度入って２０００円前後くらいの、使い捨ての安いものでいい。あるとないとでは雲泥の差である。マスクがない場合は、濡らしたハンカチや衣服の一部を口にあてがうだけでも効果がある。

非常持ち出し袋作りのポイントは、自分が心地良いように作ることだ。あまり特別な、高価なもので揃えようとすると、確かに性能はいいがハードルも高くなってしまい、作らず終いになってしまう人もいるだろう。そういう人は、家の中にある便利なものを集めておく、くらいの感覚でよい。

多少高価でも専門的な道具であるべきという人は、多少値段は張っても、自分が安心するものを揃えるべきである。忘れてはならないのは、粗探しをしないこと。その代わりにリスクを把握し、それに備えるようにすれば、どんな作り方をしても間違いではない。大事なのは、実際に作ることである。

体温を守る基本ルール

命の五要素で空気の次に来るのが体温である。

家に留まれるなら、かなりの寒冷地を除いてはあまり心配はいらない。真冬でも布団をかぶれば寒さはしのげるし、寒さを防ぐ服もあるだろう。

夜通し暖房を効かせて就寝するような**寒冷地では、押し入れなど、とにかく狭い場所に入ることだ。なければ、そういう場所を作る。**狭い空間に入り、更にデッドスペースを布団や衣服などのふわっとした素材で満たせば暖かさを保ちやすい。

極寒の地に住む原住民は、家の中に動物の皮などで作ったテントのような空間を設ける。その中でロウソクを焚く事で、その中だけはかなりの薄着で過ごせるのだ。さすがに押入れの中に布団や衣類を詰め込んだ防寒ルームでのロウソクは危険だが、それに代わる発熱源があれば、かなり暖かい空間を作れるはずだ。

なお、この観点からは、避難所としてよく使われる体育館やホールなどは冬季の保温には不利である。緊急の場合には、体育館内の器具庫などに大勢入って、おしくらまんじゅうのように夜を過ごすなどの術が必要になる。快適な夜にはならないが、凍死は防げるだろう。念のため付け加えると、体育館が避難場所に選ばれる合理的な理由もあるので、批判するつもりはない。

通勤途中など屋外の場合は、体温保持は喫緊《きっきん》の問題となる。その夜を越せるかどうかに関わるからだ。

焚き火で暖を取ろうと思う前に、「得ることよりも守ることを優先」という法則を思い出そう。もちろん焚き火で暖まることもできなくはないが、火をおこすのは簡単ではないし、火災のリスクもある。

よって、今ある体温を守るのが基本になる。

体温を逃さない基本ルールは「濡れない」「風に当たらない」「体温よりも温度が低いものに触れない」ことだ。もちろん他にもあるが、この三つは代表的なものである。

水に濡れてしまうことは急激に温度を下げるので致命的である。汗も同じなので注意してほしい。多少汗をかいても体を冷やさない肌着選びも重要なので、このあと記す。

風は、風速1メートルにつき1度の割合で体感気温を下げる。風が当たる場所にいるのは自殺行為なので、風裏を探そう。また、風を防ぐものを羽織る、着る事も大切である。冷たいコンクリートや石など、体温よりも温度が低いものと接触してはいけない。登山の世界では「シートが一枚しかなかったら、上に被らずに地面に敷け」と言われるほど**下からの冷気をシャットアウトすることは重要である。**

どうしても冷たい場所に座らざるを得ない場合は、必ず冷気を通さないものを下に敷く。毛布などがあればいいのだが、このあと簡易的な「座布団」の作り方を紹介しておくので、参考にしてほしい。

ちなみに、体温を守る場合に忘れがちなのが頭部だ。頭部からの熱の発散量は軽視できない。冬場のニット帽に絶大な効果があることを思い起こしてほしい。

体温保持は「基本の三層」を意識する

体温を守る上でもっとも大切なのは服装である。そして服による体温保持にはポイントがある。

それは「肌に密着する第一層」「もっとも外側で冷気から体温を守る第三層」「第一層と第三層の間で暖かい空気をキープする第二層」の三層を確保することである。

第一層はいわゆる肌着である。肌に密着し、汗で濡れても冷えにくい化学繊維のものがいい。多くの人々が常用しているであろう着心地の良いコットンは、濡れてしまうと体温を吸い上げてしまう。「死の素材」と呼ばれるほどなので、場合によっては脱いでしまった方がよいことさえある。

アウトドアやスポーツ用品店で売られている高価なものがベストではあるが、今は量販店などでもこの手の肌着が安く売られているので、コットンよりは心強い。

防寒用として持ち出し袋に分厚いジャケットを入れたがる人は多いのだが、限られ

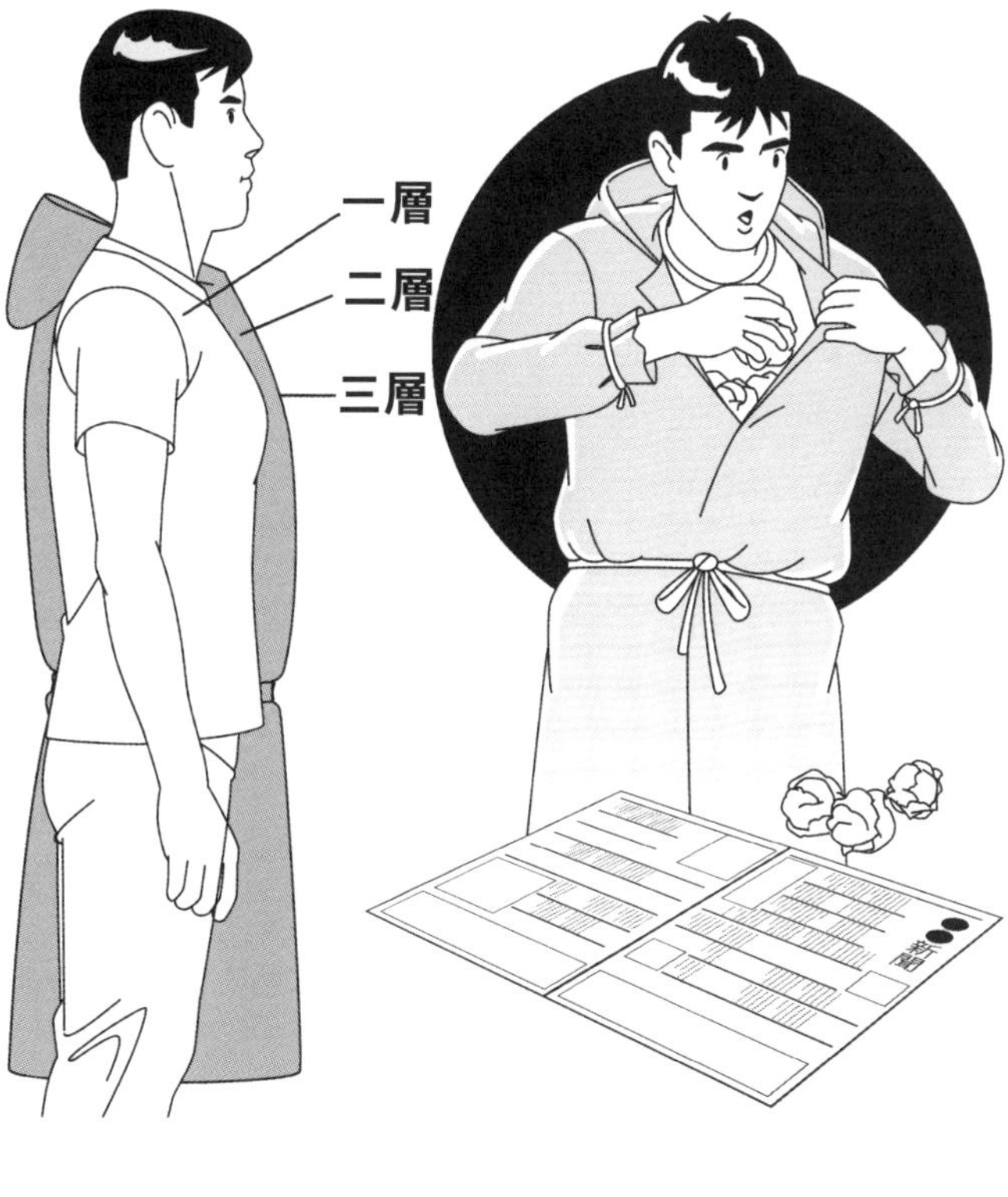
一層
二層
三層
●●新聞

たスペースを考えると、あまり現実的ではない。質量と保温力の関係を考えると、**少し高価でもコンパクトで暖かい下着を揃えるのは賢い選択だ。**メリノウールなどの素材は高価ではあるが、本当に暖かく、また肌触りなども含め快適だ。

それに、分厚いジャケットは、持ち出し袋に入れずとも、意外に普段から着ているものである。「肌着に投資せよ」は登山家や軍人の間では常識になっているセオリーである。

もっとも内側にあるのが第一層なら、もっとも外側で冷たい外気をシャットアウトするのが第三層である。**ウィンドブレーカーなど風を通さない素材で作られたものが良い。**防水性をもつものであれば尚良いだろう。透湿性のあるゴアテックス等は定番である。

第三層は肌着とは異なり、ある程度大きさに余裕が欲しい。次に記すように、第一層と第三層との間に暖かい空気を保持するスペースが要るからだ。ただし、あまり大きすぎると冷たい空気が入り込むので注意してほしい。

肌着である第一層と、外気を防ぐ第三層の意味は誰にでもわかるだろう。しかし、大切なのはこれらの間に第二層が存在することだ。第二層が間にないと、外気の冷たさが肌まで伝わってきてしまう。

第二層の役割は、体温と外気とを絶縁することである。ダウンジャケットや羽毛布団が暖かいのは、羽毛によって停留した空気が外気の冷たさをシャットアウトするからだ。

したがってふわっとしたダウンジャケットなどがあればベストだが、もしない場合も「空気の層で冷たさを絶縁する」という原理を知っていれば代用品を見つけられるだろう。

一例として、新聞紙を使った即席防寒具の作り方をお伝えしておく。

肌着の上に余裕があるレインコートなどを羽織ったら、両手首とウエストを紐などで結んでしまう。今から入れる新聞紙が落ちないようにするためと、体温が逃げにくくするためだ。そして、くしゃくしゃに丸めた新聞紙を雨合羽の首元から入れていく。肌着の上と雨合羽の間に、丸めた新聞紙による第二層を作るわけだ。腕や背中にも忘れずに入れよう。

新聞紙でパンパンになったら、首元までボタンを締めて完成。やってみればわかるが、真冬以外は汗だくになるほど暖かい（保温力は中に詰める新聞紙の量で調整できる）。なお、もし使い捨てカイロがあるなら、第二層に入れておくとその層全体を温めることができる。

三層構造で保温する原理を知っておけば、落ち葉などで新聞紙を代用できることにも気づくだろう。また、ビニール袋にくしゃくしゃにした新聞紙を詰めれば、同じ原理で地面からの冷気を防ぐ即席座布団にもなる。「新聞紙や落ち葉」と言ったが、その言葉に捉われず、ふわっとした乾いたものという「法則」に目を向けよう。身の回りにある思いがけないものが、滞留層として活躍してくれるかもしれない。

さらに付け加えると、近年サバイバルグッズとして普及したエマージェンシーシートも、この三層構造を理解して使えば更に効果を発揮する。エマージェンシーシートは熱反射率が高く第三層としての役割としては最高である。したがって肌着（第一層）と、できれば**第二層に相当する丸めた新聞紙なども欲しい。**

重要なのは小手先のテクニックより、物事の原理を知ることである。原理を知っていれば応用が利くからだ。

万能に活用できる新聞紙

ここで新聞紙が登場したが、新聞紙はぜひ、持ち出し袋に入れておいてほしい。とても汎用性が高いからだ。

右のように保温材になるだけではなく、タオルにもトイレットペーパーにもなるし、大きなポリ袋に丸めた新聞紙を詰め込むと簡易トイレにもなる。棒状にギュッとねじって固めると薪の代わり、ふわっとした状態で火をつけると着火剤代わりにもなる。

新聞紙は、一つの物でいろいろな価値や側面を見出せる「柔軟性があるもの」のいい例だ。専門的なアイテムはたしかに使い勝手はいいのだが、特定の目的にしか使えない。

新聞紙のようないろいろな用途がある道具（本来は読むものではあるが）を、工夫によって使いこなす柔軟性は、生き延びるために欠かせない。「AはA」ではなく、「AはAだが、Bかもしれないし、Cでもいい」くらいの感覚でいたい。

思えば、われわれの先祖が森で暮らしていた時代には、専門の道具など一つもなかった。彼らはその辺に転がっている石にナイフや斧としての使い道を見出し、木の枝を加工してショベルや槍にしていたのである。

スペースの限られた非常用持ち出し袋に入れるものは、可能な限り、一つの物が何役もこなすものを選びたい。

ブルーシートとロープで作れる簡易避難スペース

熊本地震のように本震と同等の大きな余震が続く場合、屋内に留まるのが危険になる可能性がある。そんなときに役立つのが、ブルーシートなどを使って作る簡易避難スペースである。

ここでは細かい作り方手順は省略するが、2・7メートル×1・8メートルほどのサイズのシートと、パラシュートコードなどの細く、柔らかい、それでいて強度のある紐を用意しておく。

これらのシートと紐があると、付近にある柱や物干し竿などを支柱に、石やブロックなどをアンカー（重り）にして簡易避難スペースが作れる。屋根に雨が溜まらないように45度の角度をつけて張り、屋根と壁が一体になるようにする。

命を救う水

次は水だ。

体温保持の方法があるならば、あとは飲める水と火さえあれば理屈上は3週間近く生きられる。理屈上と述べたのは、生存に必要な五つの要素が揃っていたとしても、ショックや衰弱で健康を害し、時には命を落とすこともあるからだ。つがいの鳥の片方が死ぬと、寂しさのあまり、その相手も間もなく死ぬ事があると聞くが、精神的エネルギーを維持することはサバイバル状況での課題となる。

とりあえずは、生きるモチベーションを維持できると考えて話を進めよう。3週間経つころには救助が来ている可能性が高いから、実質的にサバイバルは成功だ。だが水がなければ3日以内に命を落とすだろう。

だから、水の価値は計り知れない。よく「どのくらい水を備蓄すればいいですか」と聞かれるが、いつも「置けるだけ置いて、持てるだけ持つ」と答えている。

ところが、持ち出す場合には水の重さが課題となる。市販の持ち出し袋でも、キャリーケースで水を運ぶ方式になっているものがあるほどだ。

というのも、健康を維持するためには**一人あたり1日最低2リットルの飲料水が必要**だと言われているからだ。通常、持ち出し袋は72時間のサバイバルを想定している場合が多いので、4人家族が3日間生き延びるためには24リットルもの水が要る。家に備蓄する場合には、置ける場所があるのであれば、これ以上は備蓄したい。

したがって、飲料水とは別に小型の携帯浄水器が欲しい。これについては、後に詳しく解説する。

家庭での飲み水の備蓄以外に是非やっておくと良いのは、風呂に常に水をためておく事である。これで、いつでも160~180リットルの水が手に入る。なんと心強いことか。

ただし、風呂の水は飲み水以外の生活用水として色々と使えるが、そのまま飲み水としては使用しない方が良い。雑菌等が繁殖する恐れがあるからだ。一見透き通って飲めそうに見えても、「この水は飲めるかどうか」というのはかなり難しい問題なのだ。浄水器の使用や煮沸などの処理をすれば、飲み水としても使えるが、飲用して有害となる入浴剤などが入っていない事が条件となる。

ただし、**小さなお子さんがいる家庭では、風呂に水をためるのは避けたほうがいいかもしれない。溺死事故の危険があるからだ。**少なくとも日本の消費者庁は、子どもを事故から守るために風呂の水を抜くことを勧めている。

少しでも怪しい水は必ず煮沸する

水を飲むという行為は、場合によっては賭けであるとも言える。サバイバルな状況で「水にあたる」ことは致命的だ。

もしあなたが水を飲みたくてどうしようもない状況で飲めるかわからない水を目にした場合、「水なしで生きられるのは72時間」という法則を思い出そう。最後に水を飲んでから72時間以内なら、飲まない。もしタイムリミットが迫っているなら、命がけで飲む他ない。飲まなければ、どのみち死ぬのである。

ましてや、経験された方は想像できるであろうが、二日も水をまったく飲んでいなければ、目の前にある不確かな水を飲まずにいられないほど、その欲求は高くなる。

こんな究極の判断に直面することを避けるためには、理想的には確実に安全な水（ペットボトルなど）を十分に備蓄することだが、細菌やバクテリアがいる水を飲めるようにする方法もある。

もっとも手軽で、必ず持ち出し袋に入れておきたいのが携帯浄水器だ。各社から数千円から一万数千円程度で菌、バクテリア、中にはウイルスまでもを除去してくれる小型浄水器が発売されている。

都市災害用浄水器を選ぶポイントの一つは、菌やバクテリアだけではなく、都市の水に混入する可能性がある農薬や重金属なども除去できる浄水器を選ぶことだ。高性能の浄水器さえあれば、川の水を飲まなければいけないという最悪の事態でも生き延びられる可能性が高まる。

　東日本大震災のような地震でもそこまでの状況はなかったのだからと思われる方もいるかもしれないが、ここでは最悪の状況を想定してみよう。実際に、阪神淡路大震災では、アスファルトの隙間から滲み出る、破裂した水道管の水を汲み取るという状況も発生した。大きな都市の災害ほど、水の問題は深刻になる傾向もあるのかもしれない。浄水器を入れることによって、あなたが自作する非常用持ち出し袋は、72時間どころか、3週間対応にもなるかもしれない。

　さらに、浄水器がないという状況で飲み水を確保しなければならない場合も想定してみよう。かなり面倒なことになるが、悪あがきはできる。そして悪あがきの方法を知っていることは、絶望的な状況下ではかなりの励みになると言われている。なすべき事がないという状況が一番の恐怖なのだ。

「悪あがき」としての浄水方法

次の浄水方法を都市の河川の水で試しても、必ずしも安全な水にはならない。その意味では「悪あがき」だが、成功する場合もあるので、ぜひ覚えておこう。

持ち出し袋に、

・水を汲む鍋など
・煮沸した水を飲むカップ
・火（キャンプ用の小型コンロなど）

を入れておく。うまく選べば意外にコンパクトになる。これで煮沸殺菌ができるわけだがその際最低2、3分は沸騰させなければいけない。水が沸騰し、100度に達した時点で、水に繁殖する菌やバクテリアは処理されるのだが、容器などは間接的に

バンダナ
炭
ペットボトル
WATER
砂
小石

熱せられるだけなので、多少時間をかけたいというわけだ。

水を汲む容器と煮沸した水を飲む容器を分けているのは、川などの水を汲む際に容器の外に付着した水が口に入ることを防ぐためである。その意味では、可能であれば、川から水を汲む容器と煮沸する鍋も分けた方が良い。

また、濾過器の作り方も覚えておきたい。ただし目的は殺菌ではなく、細かいゴミ、色や味、臭いを取り去り、飲む水をより美味しくするためのものである。

持ち出し袋に追加するのは、

・てぬぐいやバンダナ

・ペットボトルなどの筒状のもの。ペットボトルであれば、底を切り取っておく。柔らかいものであれば潰して、さらにロール状にできるので意外にかさばらない。また硬いものでも、その中に手ぬぐいや濾過器作成セットを詰め込むスペースとして利用できる。

・砂と砕いた炭（オガ炭《たん》でも可）

作り方は、ペットボトルの中に、炭、砂の順で入れ、濾過層を作るだけだ。状況が許すのであれば、更に小石の層を砂の上に設ける。大きなゴミがここでトラップされて、目詰まりを防ぐし、砂や炭の層に対して、小石の重さが圧をかけてくれるお陰でそれぞれの密度が増し、濾過能力を高めてくれるだろう。逆に小石の層がなければ、勢いよく水を入れた時などに、砂や炭が浮いてしまい、濾過層がスカスカになってしまうので注意してほしい。

砂の層が細かいゴミを除去し、炭は、それでは取りきれない水の色や臭い、味を除去してくれる。しばらくは砂や炭から濁りが出るが、やがて透明な水が出るようになる。水の出口には手ぬぐいなどで蓋をし、炭が流れ出ないようにする。キリなどで小さな穴を開けたペットボトルの蓋でも良い。尚、濾過後に煮沸することを忘れてはいけない。

濾過器が作れない場合は、布を通すだけでもかなりの違いが出る。汚れや濁りはもちろん、菌やバクテリアの除去とまでは言わないが、その量は間違いなく減らす事ができると言われている。手ぬぐいなどの目の細かいものが良い。

濾過器について、海水は真水にできるのかという質問をよくいただく。基本的な答えはＮＧだが、塩分濃度は減らせると言われている。

２０１８年9月、インドネシアで18歳の少年が、漁業用の筏《いかだ》で漂流しているところを保護されたニュースをご存じの方もいるのではないだろうか。海水をＴシャツで濾過しながら49日間も生き延びたのだそうだ。どのように濾過したのか詳細は不明だが、この方法ではないか？　と噂されているのが、落差を利用したものである。

海水の入った容器から落差をつけた場所に受け皿などを置き、細長く紐状に切ったＴシャツの一部の片方の端を海水に、もう一方を受け皿の方に垂らす。すると海水から浸透した水が布を伝わり、受け皿に落ちる時には、水が濾過され、塩分濃度も減っているという理屈だ。味はもちろん塩っぽいが、この方法を使ったとしたら、何とか体が処理できる塩分濃度まで下がったということになる。さもなければ49日間の生存は到底難しいだろう。

太陽を利用した浄水方法もある。

まず透明のペットボトルなどに水を入れ、それを6時間ほどしっかりと太陽に当てるのである。すると、紫外線が水を浄化してくれるのだ。その際に、光が反射するようなシートやアルミホイルを敷き、その上に水の入ったペットボトルを置く事で効果が高まる。

ただしこの方法は、水が透明でなくてはならない。濁りやゴミなどがあると、光が水を通らなくなってしまうからだ。この方法を利用した浄水器も市販されている。日焼けマシーンに使われているようなライトを利用したものだ。ウイルスまで除去されるという。ペットボトルを長時間日光に当てると、ペットボトルの樹脂が溶け出すとも言われているが、ただちに健康に影響のあるものではないので、水なしでは数日間しか生き延びられない事を考慮すると、飲むという選択肢も考えなくてはならない。

蒸留という方法もある。これは水を浄化するというより、水を集める、得る方法に分類されるのかもしれないが、水分を含む地面や集めた植物の上にビニールシートやペットボトルなどをかぶせ、植物から蒸発する水分を水滴として集める、または水を沸騰させた際に立ち上る蒸気を捉え、一箇所に集めるという理屈である。

方法と理屈が革新的な感じがするのと、水源のない乾燥した場所でも水を得られること、また、淡水のない無人島などで海水を真水に変えられること、そして蒸留という性質上かなり純度の高い水を得られることから、サバイバル本などでは必ずと言って良いほど掲載されている方法だ。

ただし、これらの方法は、多大なるエネルギーが必要になる割に、得られる水の量が少ない。飲み水を得る方法としてメインにするには中々厳しいのではと思う。実際にやってみればわかるが、たとえば植物などから蒸留水を得ようとした場合、かなりの量の植物を集め、数時間をかけても、啜《すす》るくらいの量の水しか集められない。1日かけても、人が生存するために必要な1日2リットルの水には到底及ばないだろう。

また、大掛かりな装置を作るには大きな穴などを掘らなければならない場合があるが、その作業時にかく汗の量をその装置から得られる水で取り戻すのに、どのくらいの時間がかかるのかまで計算しておかなくてはならない。火を焚いて水を沸騰させる際も、その大量の薪を集める際の労力を考えなければならない。

ただし一度装置を作ってしまえば、長期的に使える方法ではある。また多数作る事ができれば、それなりの量を収穫できるだろう。そして、得られる水がほんの少しであったとしても、その少量の水を舐めるように摂取し、日陰で動かずじっとしていれば、数時間や半日長く生きながらえる事ができるかもしれない。

1分、1秒でも長く生き延びられれば、生存の確率は高くなるという名言がある中、数滴の水でも貴重に思い、扱う姿勢は大切にしたい。

水を集める方法として意外に効率が良いのが、草などに降りた朝露、夜露を集めるという方法である。手ぬぐいなどで朝露をぬぐい、それを容器に絞る。朝に「藪こぎ」（登山などで笹や低木の密生する藪をかき分けて進むこと）をして服がびしょびしょになった経験をお持ちの方もいると思うが、びっくりするほどの量の水が集まる。

現代人は「飲める水と飲めない水」を判断できない

以上は透明で冷たい、すぐにでも飲めそうな水が流れる山間部では、ほとんど必要のなくなるテクニックである。都市部における飲用水の確保が如何に困難であるかお分かりいただけただろうか。

これほど面倒なら、パッと見で飲めそうな水ならそのまま飲んでしまえ、という論に至る人がいてもおかしくないが、未開封のペットボトルなど確実に安全である場合を除き、絶対にやめるべきだ。

われわれ現代人は、見た目はもちろん味や香りで飲める水と飲めない水を判別する能力を失っていると言われている。いかにも飲めそうな水が有害で、いかにも怪しげで、実際にまずくて臭い水が実は飲めるということもありえる。

したがって、しつこいようだが、**100パーセント安全な水だと確信できる場合を除き、必ず浄水器を通すか、煮沸消毒をしなければいけない。**

なお、持ち出し袋の中には、水をためておく道具も入れておきたい。キャンプ用や災害用に作られた、折りたためる貯水タンクは非常に便利なので、是非手に入れたい。緊急時には飲み終えたペットボトルを使う手もある。身の回りにあるもので工夫し、大量の水を貯める場合はビニール袋をショッピングトートバッグなどに入れることで即席の貯水タンクが作れる。ビニール袋は、前述の即席座布団（P84）作りなど新聞紙と並んで汎用性が高いアイテムなので、必ず入れておこう。

火には二つの役割がある

水の次は火だ。

火には「明かり」と「熱」の二つの側面があるが、これらはわれわれが毎月支払う光熱費に当たると考えるとわかりやすい。

都市災害後の状況では、火を扱うことは控えるようにとの指示が来ることは非常に多い。余震のリスクや、さまざまな可燃物が散乱しているような状況の中、火を使う危険性は確かにあるので、そのような場合には、使用は極力控えるべきだろう。

また、光と熱を火から得るという事を認識していれば、火を焚かなくともそれらを得る事が出来るかもしれない。自分の置かれた状況を観察し、何が使えるか見極めてみよう。

そしてどうしても火を焚くしか方法がないと判断した際には、火を使用する勇気を持たなくてはならないだろう。その場合には、安全性をしっかりと確認し、隠れたリスクをしっかり認識した上で使用する。その具体的な方法は、後の災害対策プランの立て方を参考にして欲しい。災害に限らず、何かリスクが起きた直後は、色々な二次リスク、二次災害が起きやすいのだ。

まず光としての明かりについて話そう。

明かりの重要性は、キャンプなどによく出かける方は想像しやすいかもしれないが、普段、電灯が当たり前にある生活に慣れると感覚が麻痺してしまうかもしれない。ならば、夜、突然停電になった時のことを思い出して欲しい。そこからまずアクセスするのがライトではないだろうか？　災害非常用ライトの側面などに蛍光テープや塗料などがついているのは、そのせいだ。

明かりとして使うライトは二種類用意したい。光が散って広範囲を照らせるランタンのようなライトと、懐中電灯のように狭い範囲を照らすライトである。後者の場合、ヘッドランプも相当便利だ。二つ用意するのは、第一には目的に応じて使い分けるためであり、第二にはサバイバルの法則にのっとってバックアップを用意したいからである。もしバックアップがない場合は、狭い範囲を照らすライトの光を水の入ったペットボトルなどに通すと、光を散らすこともできる。

　バッテリーに関してもバックアップが重要だ。普通の電池のスペアもバックアップになるし、普通の電池式と充電式のライトをそれぞれ持っておくのもバックアップだ。

　東日本大震災直後に、電池が全く買えなかった方も多いだろう。それを考慮し、災害用ライトは、単三電池一本で使用可能なものを選ぶ方も多い。電池の数が少なければ、明るさも小さくなるのだが、最近のＬＥＤライトの性能は凄い。手元を照らすには、単三電池一本タイプでも十分の明るさがある。ただし後述のシグナリング（救助側に自分の居場所を知らせる）には明るい方が良い。

　あれもこれも揃えたくなるが、大切なのはバックアップを含め、必要なものをきちんと用意することである。

　それから、**暗さというのは一瞬パニックになるが、しばらくすると、暗さに目が慣れてくる。そうすると、暗くなってしまった直後には想像できないほど見えるようになる。**そうなってから必要なものにアクセスしてもよい。

次に、火の熱源としての役割について。まず重要なのは、前述した水の煮沸である。これが出来れば、かなり心強い。

家に備蓄しておくと**活躍するのが、鍋用の卓上コンロだ。**卓上コンロさえあれば調理も簡単だし、大きい鍋と組み合わせれば大量の水を煮沸消毒することもできる。

サバイバルの理想は日常を継続することである、という法則を忘れないでほしい。日常に近ければ近いほど成功なのだ。

電気やガスが途絶えても、卓上コンロで冷蔵庫の食品が傷む前に調理して食べ、いつもの布団で暖をとりながら眠ることができれば、サバイバルとしては100点満点である。体力も気力も充実した状態で助けを待つことができるだろう。

家の備蓄は卓上コンロでいいが、持ち出し袋に入れるのは、コンパクトさを兼ね備えたアウトドア用の携帯コンロになる。予備の燃料も忘れずに入れておこう。

固形燃料式も、持ち出し袋には向いている。

とはいえ燃料はいずれ切れるから、バックアップとして火をおこす道具も持っておこう。

火をおこすのに必要な点火材・着火剤・燃料

火をおこす行為は、経験がない人にとってはかなり難しい。枯れ木に火をつければ燃え続ける、というものではないのだ。

火をおこすためには、**火をつける点火材、点火材の火を安定した炎に変える着火剤、長時間燃え続ける燃料と、三つの材料が必要になる。**

点火材にはマッチやライターが相当する。バックアップとして、金属製の火打ち石とでもいうべきメタルマッチも持っておきたい。点火材の火は、ただちに着火剤に移す。着火剤はすぐに燃える新聞紙や枯れ葉が良い。マッチ一本で着火できるくらい燃えやすいものを目安にすると良いだろう。マッチは棒の部分が燃え尽きるまで持っていることが出来ない。それを考えると、風が全くないような理想的な状況でも、10秒は持たないだろう。マッチくらいの炎の大きさのものを6~8秒触れさせて着火できるものが理想だ。

そして着火材に火が燃え移ったら、薪など、なかなか火がつかないが一度火がつい
たら長く燃え続ける素材に火を移し、ようやく焚き火が完成する。

点火材と着火剤は持ち出し袋に入れておけばいいのだが、かさばる燃料は現地調達が基本だ。焚き火として使う燃料はかさばり、重量もあるものが多い。しかし新聞紙があれば、着火剤と燃料とを兼ねることができる。一枚一枚はすぐに燃えるので着火剤に最適だが、硬くねじると薪のように長く燃えるのだ。

とはいえ、焚き火はかなり難しい。自然の中で楽しむブッシュクラフトでは環境が味方をしてくれるため時間をかけて薪を集め、万全を期して火をつける事ができるが、同じことを都市災害に見舞われた緊急時にできるかというと、怪しい。

そして、道具を使わずに火をおこすのは焚き火に輪をかけて難しい。「サバイバル術」というと火をおこす方法が紹介されることが多い。私もメディアなどでは枝を使った「弓キリ式火起こし」や水を入れたビニール袋をレンズ代わりにする方法、最近ではガムの包み紙と電池を使って短絡電流をおこす方法などを紹介させていただいたことがあるが、どれも非常に難しい。緊急時にできるためには、普段から練習してコツをつかんでおかなければいけない。

私も火起こしをレクチャーする際、その場で材（火を起こすための素材）を集め、火をおこす試みをすることは多いが、失敗することも珍しくない。よほど条件が揃わないと火はつかないのだ。

したがって、**点火材はバックアップも含め、必ず持ち出し袋に入れておきたい。**いざというときに道具のありがたさを痛感するだろう。

サラダ油を利用したランプの作り方

ここで、光源、熱源、両方に使用できる即席ランプの作り方を紹介しておこう。

東日本大震災直後の「買占め」が起きた際、私の近所のスーパーからは、卓上コンロのガス、電池、アウトドア用品の燃料などの類が一切なくなった。

その中で、サラダ油はたくさん残っていたのである。実はこれが燃料になることを是非知っておこう。

即席ランプを作るのに必要なものは、

・容器

・芯となる何か

・何かの油

この三つである。

容器に油を入れ、芯を入れて油を染み込ませ、露出している芯の部分に火をつける。芯を油面より露出させておくための、何らかの「芯立て」も必要になる。よく使われるのはアルミホイルだ。

危険に思えるかもしれないが、たとえばサラダ油でこのランプを作っても、オイルが高温でない限りは、もし倒れてもあふれた油に着火する可能性は低い。それだけでなく、冷たい油がその火を消してしまう事も珍しくない。

ただし、もちろん炎が油面から近すぎたりすると油はどんどん加熱され、着火する可能性もある。天ぷら火災と同じような事が起きるかもしれないのだ。

この方法を上手に利用すれば、アルミホイルなどを反射板にして増光させ、明かりとして利用する事もできるし、炎の数を増やせば、お米を炊く「熱源」として利用する事さえできる。

私のお気に入りの方法は、ツナ缶（もちろんノンオイルはＮＧ）を開け、缶とツナのすき間に入る程度の大きさに切った布などを浸す。その際に立てた布の縁に着火すると、うまくいけば調理用コンロのように円を描いた炎が出て、煮炊きに便利になる。油がなくなると火が落ちるのだが、燃え残った布を取り外したあとのツナはグリルされ非常に美味しい。

その際、芯として使われる布などに有害な成分が付着していないか、しっかりと裏をとってから食べることを忘れてはならない。その辺を考慮しなくて良いのであれば、ティッシュでも芯として利用できる。

食べ物は心の栄養になる

さて、最後が食べ物だが、ここまで読んでくれた方はお分かりのように、極論を言えば食べ物は72時間生存を想定した非常用持ち出し袋には入っていなくても大丈夫だ。とはいえ、1日3食を食べる現代人にとっては、丸一日食べないだけでも辛い。また、そのライフスタイルに慣れてしまったわれわれが、災害後というストレスの中で断食をすると、体調を壊す事も珍しくない。実際に頭痛や腹痛、倦怠感などはよく報告される症状と言われる。また、寒い時は食べる事で体が温まる。

優先順位が低いとはいえ、食は生きるために必要な必須要素である。短期間のサバイバルといえども、ないよりはある方がいいし、なによりも美味しいものを食べると元気が出る。身体だけを考えればなくてもなんとかなる食べ物だが、心に生き抜くモチベーションを与えるという意味で、食べ物は重要だ。また、食べることには体温保持の効果もある。

災害後、まず消費するべきは、家の中に留まることのできる場合は特に、冷蔵庫にある、日持ちのしないものだ。光と熱があり、水さえ飲んでいれば、食べなくても3週間生き延びられるのだが、食べられる時には食べておく。イギリスの精鋭特殊部隊であるＳＡＳの隊員が実体験を綴った小説の中で、敵に捕虜として捕まる直前に、持参していた食料をすべてたいらげるというシーンが、個人的に非常に強く心に残っている。

サバイバル食の一般的な基本セオリーは、高カロリーで軽量、保存がきく事だ。乾パンや缶詰、フリーズドライ食品である。缶詰は保存期間もかなり長く、空き缶を容器にしたりオイルを入れてランプにしたりと汎用性が高いので、家に備蓄するだけでなく、少し重いが、非常用持ち出し袋にも入れておきたい。

そんな災害食のセオリーがある一方でセオリーにこだわりすぎることはない。そういう行動時こそ、低カロリー食の方が快適に過ごせる気がするという人にも何人も会った事があるし、多少重くても、好きなものを食べた方が活力になるという事もあるだろう。

ちなみに、災害時のストレスが大きいときこそ、好きなものを食べて元気を出したいというのが私の持ち出し袋の個人的なコンセプトだ。私の災害対策スクールのあるインストラクターは、非常時こそヘルシーな食べ物を摂取したいらしく、青汁のパウダーや、加工食品でないものを選んで非常用持ち出し袋に入れていた。

その人が何を重要視するか、何を食べると活力が出るのか、ここでは個人的な嗜好が入っても良いのではと思う。**何も災害用食料にこだわらなくてもよいのだ。**ジャンクフードが好きな方はジャンクフードを入れてもいい。

もちろん、そういった食品は、当然足も早い。そこで、これもあるインストラクターのアイデアだが、非常用持ち出し袋を目のつきやすい場所に置いておき（これは非常に重要な事だ。すぐ持ち出せる場所になくてはならない）、中に入っている食料の消費期限をバッグの外側にタグ付けなどしておく。そして期限が来たら、新しいものと入れ替えるのだ。好きなもの、常食しているものが入っているので、定期的にそれを食べる事も苦にならない。

食べ物は心の栄養なのだ。

二つのサバイバル

ここまでトピックにしてきたのは、ライフラインから孤立した状況下で生き延びるという意味でのサバイバルだ。無人島に流れ着いたとか、森林で生活するとか、一般的なサバイバルのイメージはこちらだろう。メディアに登場する「サバイバル」もこちらの意味であることが多い。

その一方で、サバイバル状況には「救助される」という明確なゴールがある場合がほとんどだ。災害下のサバイバルにも、その考え方が当てはまる。目的はその場で暮らすことではなく、救助されて災害以前の生活に戻ることだ。サバイバルは、その場で生き延びる事であり、同時にその場から脱出、帰還する事だ。二つのサバイバルを常に意識しておこう。

その場からの脱出、帰還を考える場合、救助される側にも努力は求められ、またそこにテクニックが必要になる。それが自分の位置を知らせる「シグナリング」だ。

サバイバルを終わらせるシグナリング

シグナリングとは、遭難した人間が他人に自分の存在や位置を知らせることだ。

ここまで「命の五要素」に基づいて命を繋ぐために必要なものを列挙してきたが、備蓄や持ち出し袋にはこの五要素とは別に、シグナリングの道具を入れておこう。

有効なシグナリングの道具があれば、救助者にいち早く発見され、サバイバルな状況から抜け出せる可能性が高まるからだ。

実際、**必死で救助側に合図を送りながらも、発見されずに命を落とした人はものすごくたくさんいると言われている。**救助されずに命を落とした人は、「○月×日、東の方向にヘリコプターが来たが発見してもらえず」という内容のメモを、恨みを込めて残す事が多いという。自分の命がかかった状況で、自分からは見えたヘリがこちらを見つけなかったという状況で生まれるであろう憎しみの念や、落胆の気持ちは、相当強いものであるに違いない。

そんな思いをしないためにも、シグナリンググッズはぜひ入れておこう。

聴覚シグナリングの定番はホイッスル

それほど大事なシグナリング用具だから、バックアップは必ず用意したい。

特に重要なのは、聴覚シグナリングと視覚シグナリングの両方を行える態勢を整えておくことだ。

ホイッスルなどの聴覚に訴えるシグナリングは、救助側と自分の間に遮蔽物などがあり、オープンになっていない場合でも、音が届きさえすれば、救助側がその合図を認識できる。また、相手がこちらを見ていなくても、音により「気づかせる」事もできるかもしれない。

ただし、多くの場合、詳細な自分の位置を知らせるにはある程度の時間がかかる。なくしたスマートフォンを他人に鳴らしてもらっても、見つけるまでには少し時間がかかるのもその例だ。

一方のライトやミラーによる視覚シグナリングは、相手との間が視覚的に開けていなければ、救助側が認識できない。そしてほとんどの場合、こちらを見ていなければ気づかないでやり過ごされてしまう。その代わり条件が整えば、瞬時に自分の位置をピンポイントで知らせることが可能だ。

聴覚シグナリング用具の定番はホイッスルだろう。

中に玉の入ったタイプがスポーツでは伝統的に使われるが、シグナリング用としてはあまり良くないと言われる。特に中の玉がコルクだと、濡れた時に音が鳴りにくくなる。シグナリング専用のホイッスルは多く発売されており、中にはバックパックのストラップに埋め込まれているものもある。興味があるなら探してみてほしい。専用のツールではないが、ラジオも違った性質を持っているので便利だ。音の大きさはホイッスルに及ばないが、スイッチを入れておくだけで勝手にシグナルを送り続けてくれるので、たとえば気を失ってしまったとしても見つけてもらえるかもしれないし、人は人声《じんせい》に敏感なので効果も大きい。そして、情報収集の手段として役立つことは言うまでもない。

他には鍋を叩くのもいい。私が講習等で展示する非常用持ち出し袋の中には、100円ショップで見つけた車外脱出用の小さなハンマーが入れてあるのだが、これが実に凄い音を出してくれる。実際に実験してみると、金属のハンマーなどで、やはり金属の「何か」を叩くとホイッスルよりも大きく目立つ音が出る印象だ。特に対象物の金属の部分が大きければ大きいほど共鳴率が高くなり、締め切った家の外まで音が響く場合もある。

救助側が聞き耳を立てているのは、人工的な音である。金属音というのはまさに人工的で、相手のアンテナにも引っかかりやすい。状況下に金属の対象物がなければ、「水」のところで紹介した鍋を引っ張り出そう。これを叩けば、やはり中々の音が出る。車外脱出用ハンマーは、屋内に閉じ込められてしまった時の脱出用具としても活躍する。

視覚シグナリングの定番は鏡

視覚シグナリングでは、できればシグナリングミラーが欲しい。太陽光を救助者やヘリコプターに向けて反射し、自分の位置を知らせるものだ。太陽光の明るさに勝るものはなく、とにかく晴れていれば、もっとも強烈なシグナルを送る事ができる。

手鏡などでも代用できるのだが、救助者にピンポイントで光を当てるのはかなり難しいので指を使って狙いを定める方法を次に紹介しておく。

シグナルを送る相手を、たとえばヘリコプターとしてみよう。まず利き手ではない方の腕を伸ばし、ヘリコプターに立てた人差し指を合わせる。この時気をつけなければならないのは、ほとんどの方が利き目で合わせているということだ。片方ずつ目を瞑ってみて、開けた時に指がずれてしまう方の目は、瞑ったままにしておいた方が良いかもしれない。

次に、手鏡を効き目のすぐそばに置き、人差し指を立てた手の甲に反射光がしっか

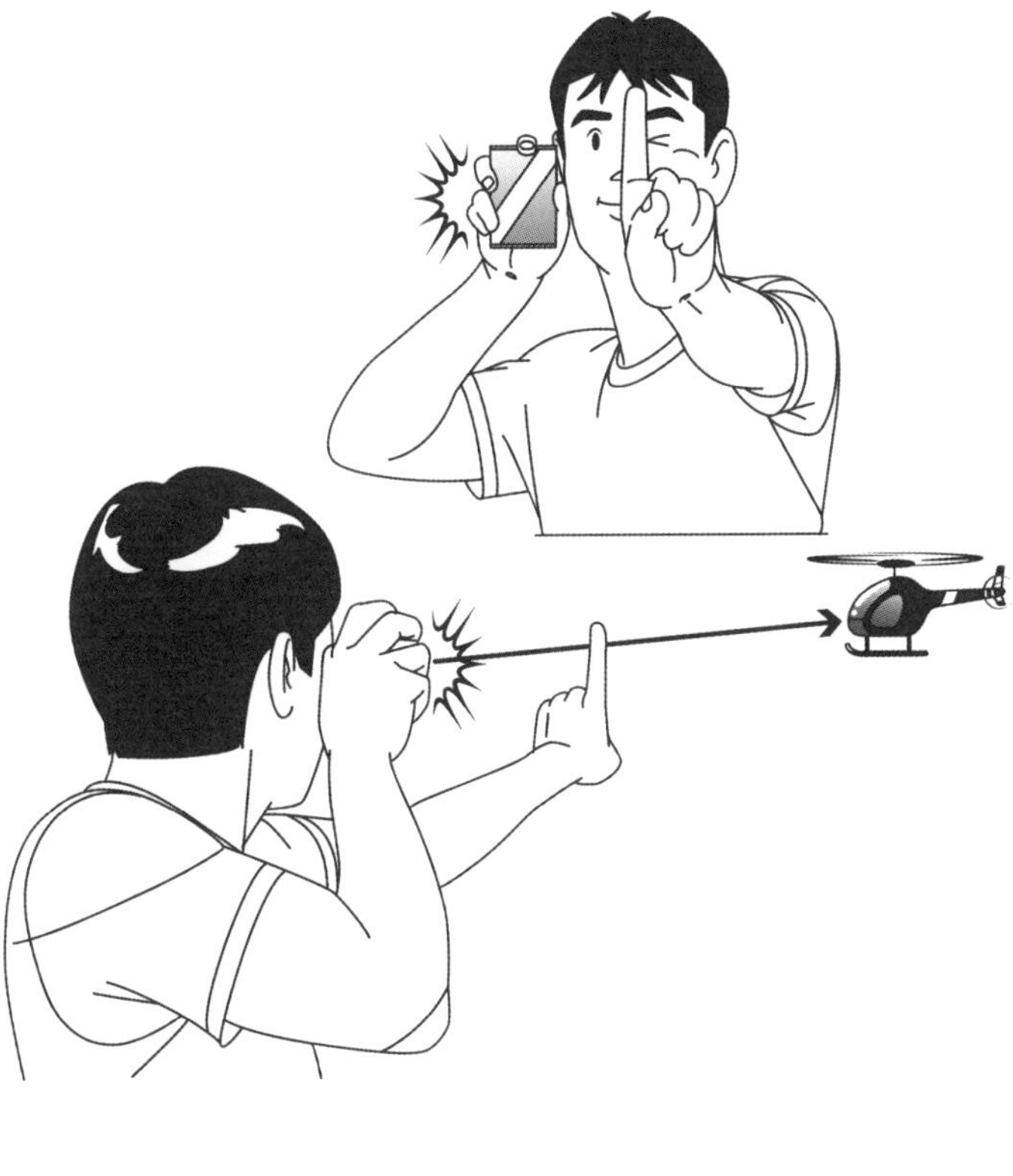

り当たるようにする。しっかりとその状態を確保できたら、そこを中心に小刻みに、上下左右に光を動かす。

こう書くと簡単に感じられるが、実際は難しい。銃を扱う方はピンときているかもしれないが、自分の体の癖で、照準がずれてしまうのだ。また照準がしっかり合っていたとしても、効き目の位置と鏡が離れていたら意味がない（鏡を上下左右に動かすのは、そのズレをカバーするためだ）。とにかく練習をして、命中率を高める必要がある。

だが万が一練習できずに「本番」が来てしまったとしても、やみくもに反射光を当てようとするよりは、はるかに相手に伝わる可能性は高くなるはずだ。

なお、専門の照準つきシグナルミラーを手に入れられれば以上の問題がすべて解決するので、やはり照準つきの専用品が欲しいところだ。

次に、明るいライト。

自宅に豆電球式のライトなどが残っているかもしれないが、シグナリング用としてはＬＥＤのものが良い。これを太陽が出ていない時や、夜用のバックアップとして持っておく。昼間でも、暗い背景の場所で使えば効果はある。

こちらも動かしたり、点滅させたりして、相手の注意を誘うように使う。**点滅させる場合、スイッチのオンオフではなく、光を手のひらで隠したりすることで点滅させているように見せた方がバッテリーのセーブになり、スイッチにも負担がかからない。**

意外と効果的なのはサイリウム

そして、必ず準備しておきたいのがサイリウムだ。アイドルのコンサート会場などで使われる、あのサイリウムである。

実は、サイリウムはシグナリングツールとして極めて有効なのだ。電池が要らないし、光が全方向に散るのでどこからでも発見しやすい。また、タイプによっては長時間光り続けるため、失神してしまってもシグナルを送り続けてくれる。もちろんプロたちもサイリウムの優秀さは知っており、自衛隊では「ケミカル」という名で呼ばれているようで、世界各国の軍隊でも利用されている。

シグナリングとして使う場合には、紐にくくり付けて振り回すといい。光が円を描くことで、長さ数センチのスティックが大きなシグナルを作り出してくれるから、遠方からでも発見しやすい。

なお、**サバイバル専用のサイリウムも出ているが、ホビー用の物でも問題ない。**重要なのは、Aという方法が機能しなかった時の、方法B、Cというバックアップを用意することだ。

手書きメッセージを残せる道具も一つ入れておく。

たとえば布製のガムテープやダクトテープと、それに加えて油性マジックだ。その場を移動しなければいけなくなったときにテープに「○月×日、△へ向かう」などと書き、目立つ場所に貼っておくと救助側の手がかりとなるし、はぐれてしまった家族との連絡手段としても役立つだろう。

最後にシグナリングをする際にも、「S・T・O・P」を意識し、その場に合ったシグナルを送る事だ。状況を良く観察し、どれが一番目立つかを見極めるようにする。ポイントは常にコントラストを意識すること。この場合のコントラストは、音のシ

図4　備蓄、非常用持ち出し袋に入れるべきもの一例

シグナリング
□ 聴覚シグナリンググッズ（ホイッスル、小さなハンマーなど）
□ 視覚シグナリンググッズ（ミラー、サイリウム、ライトなど）
□ ライト（散光タイプと光が集中するもの２種類）
□ 布ガムテープまたはダクトテープと油性ペン
体温保持
□ 暖かい肌着・下着・レインコート
□ 新聞紙
□ シート
□ ロープ
□ エマージェンシシート
水
□ 飲料水（１人あたり１日２ℓ）
□ 携帯浄水器
□ 折りたたみ貯水タンク
□ 煮沸用鍋
火
□ アウトドア用携帯コンロ
□ マッチやライター
□ メタルマッチ
食
□ 非常食（賞味期限が長い、自分の好きな食べ物）
その他
□ 防煙フード

グナリングを送る際にも当てはまる。その場にない音をださなければ目立たないし、視覚的な話であれば、当たり前の話だが、白い布は目立つという考え方は積雪地帯では通用しない。だが、冷静を保ちにくい災害後のような状態では、積雪に白旗のような行動を、十分とってしまいがちなのだ。落ち着いて状況を観察できてこそ、初めてその場に見合った行動が割り出せるという事を、改めて強調したい。

「今、家にあるもの」を備蓄せよ

さて、ざっと備蓄しておくべきものと非常用持ち出し袋に入れるべきアイテムについて解説をしてきた。

大切なのは、難しく考えすぎないことだ。サバイバルの成功は日常生活を継続すること、という法則を思い出そう。すると、**今、家にあるものこそが備蓄だということに気づくだろう。あとはバックアップを用意すること。それから、一つのものが、な**

るべくたくさんの用途に使えるものを選ぶことだ。

先ほど鍋を叩くと音のシグナルを送れる事は述べたが、本来の道具の用途に囚われることなく、柔軟に考える癖をつけよう。鍋の蓋が光り輝いているのであれば、それで太陽を反射させる事が出来るかもしれないし、エマージェンシーシートも光を反射させる。反射面が大きいので、手鏡より有効なシグナルを送れる可能性がある。

そのシートの大きさは雨水をためるのに一役かってくれるかもしれない。たとえば「鍋」という考え方に捉われる事なく、鍋＝丸い、光っている、硬い、水がたまる、など、抽象度を上げて物事を見るようにすれば、思い掛けない使い方が出来るかもしれないし、周りの環境にある思い掛けないものが命を救ってくれるかもしれない。

そういった意味でも、すでにご自宅にあるものを整理すれば、必要な備蓄や持ち出し袋の中身が意外に揃ってしまうかもしれない。

さて、命を繋ぐのに必須なものを最優先で揃えたら、「これがあると安心できる、快適に過ごせる」ものを加える。常備薬や洗面道具、トイレ関係のものもあっていい。ケガに備えたファーストエイドキットが挙げられていないぞ、と思った方もいるかもしれない。もちろん入れておくべきだが、同時にサバイバルでのケガは致命的なので、そもそも「絶対にケガをしない」くらいの気持ちで行動したい。自分の動きをよく観察し、今に集中し、今の行動がどんな結果を生むかを常にイメージする事が、もっとも原始的で有効な予防方法なのである。

サバイバルの法則は守ることであって、手に入れることではないという法則を思い出してほしい。

ケガをするようなリスクは極力避けるべきである。サバイバルは非日常的な環境で日常に近づくことであり、冒険ではない。

通勤バッグに収まる「常用持ち出し袋」

非常用持ち出し袋について講習をすると、必ずと言っていいほど出る質問がある。「通勤中などに災害にあった際に最低限持っておくべきものは何か」というものだ。

この場合、命の五要素に基づいて、通勤バッグに普段から入れておけるものをコーディネートすればよい。一要素につき一種類の道具を入れておけば、非常用持ち出し袋ほど頼りにならなくても、命を救ってくれる「常用持ち出し袋」を作れるだろう。

参考までに私の常用持ち出し袋には、

①シェルター（体温保持）
・超軽量タープ＆ロープ
・寝袋状のエマージェンシーシート

②水
・浄水器（普段の生活で常用している）

③火（光と熱）
・マッチ、ライター
・小型固形燃料式ストーブ

・充電式災害用ライト（スマートフォンの予備バッテリーとしても機能する）

④シグナリング

・シグナリングミラー

・ホイッスル

・ライト（上記「火」と併用）

が入っている。このすべてを通勤バッグに入れられる15センチ×20センチ×5センチほどの小型バッグに収めている。浄水器は普段から水筒がわりに使っているのでこの小型バッグには入れていない。また、ナッツなどの非常食も常に持っておきたい。

常用持ち出し袋は、普段のライフスタイルに合わせてボリュームを調整するとよいだろう。

第4章

都市型災害の
リスクを取り除く

サバイバルの基礎知識を学んだら、いよいよあなたに適した、自分だけのサバイバルのプランを立てたい。

ここで言うサバイバルプランとは、主に災害時の被害を最小化し、また、災害が起きた時に生き延びるための具体的な対策だ。

そして今から一緒に触れていく方法は、災害に限らず、犯罪やその他のすべてのリスクに対しても適用できるものだ。具体的には、

①前もって災害時のリスクを最小化するためのプラン

②災害発生時に被害を最小化するためのリカバリープラン

の二つに分かれる。

4章では、リスクを最小化するためのプランについて紹介する。

その前に知っておくべき注意点をまとめておく。

地震発生時、机にもぐるのはまちがいか？

プランを立てる際には、たくさんの情報に触れ、それを扱うことになる。その前に是非知っておいてほしいことが一つある。皆さんの心に常に留めておいてほしい事なので、紹介したい。

・どんな情報も否定してはならない
・どんな情報も鵜呑みにしてはならない
・なぜなら真実はその人の感覚にのみ存在するからである

ネイティブアメリカンの教えを学んでいる際に、私はこの教訓に触れ、幾度となくこの教えの凄さを実感した。一見とても難しい事を述べているようにみえるが、一つカジュアルな例を出してみよう。

たとえば私がAというラーメン店を絶賛したとする。そして友人に強く勧め、その友人が同じものを食べてみると、まったく口に合わなかったと言う。すると、

・ラーメン店Aはおいしい！
・ラーメン店Aはまずい！

という正反対の情報が巷に流れる。では真実はどこにあるのか？　それを知るには、あなた自身がそのラーメンを食べてみなければならない。あなたの味覚がおいしいと感じるか、まずいと感じるか。真実はあなたの舌感覚にのみ存在するのである。

この現象はさまざまな場面で見られるが、サバイバルでも往々にして、まったく正反対の意見がとなえられることがある。

たとえば、日本ではよく「地震が発生したら机の下に隠れろ」と言われる。小学校の避難訓練でもそう習った人は多いだろう。だが近年は、**「地震が起きたら机の下には決して入ってはいけない」**という考え方もあることをご存じだろうか。

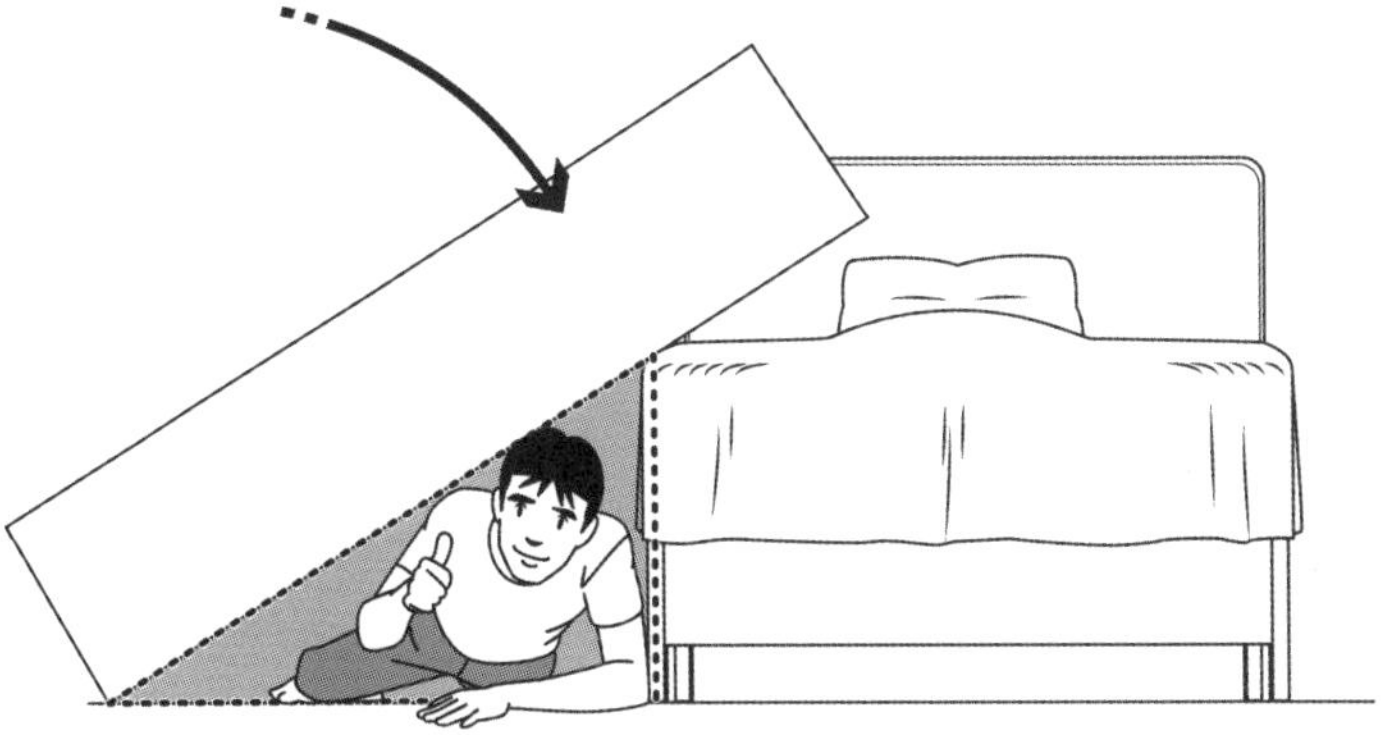

「トライアングルエリア」という考え方がある。２０１７年のメキシコ中部地震をきっかけに広まった考え方で、建物が崩壊する際には、ベッドなど構造物の脇に柱や壁が倒れ掛かることでできる三角形の小さな空間がもっとも安全だ、というものだ。

建物が崩れるときは縦に垂直につぶれるのではなく、四角形が平行四辺形になり、やがて平らになるように、横方向に倒れるという。机は真上からの圧力には強いが、横に押し倒される力には強くない。したがって机の下にもぐると助からない、という意見である。

この考え方はメキシコ中部地震でレスキューに携わった人がとなえたものだ。机の下から生存者が見つかったためしはないが、トライアングルエリアに押し込められて生き残った人はいる、ということらしい。

さて、それでも地震時は机の下にもぐるべきか。それとも机の下にもぐるのは禁物でトライアングルエリアに伏せるべきか。

私には絶対答えられない。「あれもこれも」がサバイバルの基本スタンスだからだ。もし今、この原稿を書いているカフェで大きな揺れが来たら、私は、ガラス窓から離れ、そこに見える机の下に隠れる。その机は、かなり太い鉄の脚を持ち、それが床にボルトで固定されている。更に厚さ15センチはあろうかという無垢の天板が、その脚にだけでなく壁にも固定されている。かなり屈強である事が予想されるし、トライアングルゾーンを形成しそうな場所はそばには見当たらない。以上の情報は、私が今、この場で見たり触ったりして得たものなので、この場所における私の感覚を通しての真実は、机の下にもぐることである。

答えを一つに絞らない

だがこの結論は、机の下にもぐってはダメだ、トライアングルゾーンこそ安全だという情報を否定したものではない。まったく正反対の情報AとBを、「AかBか」という扱い方をせず、「AもBも」いずれも正しいものとして自分にとりいれたのである。両方の情報を知っているからこそ、プラン選択の視点やヒントが増え、その場で正しいと思われる方法を、より自信を持って選ぶ事が出来るのである。

情報を扱う際にたとえ正反対の情報に出会っても、惑わされることなく、片方を信じるわけでもなく、ある意味ニュートラルなスタンスを保ってほしい。


そしてもう一つ。自分が選択した答えが正しいものかどうか、誰かに答えを求めたくなるものだが、同じ理由で、正しいかどうかは誰にもわからない。もしわかる人がいるとすれば、それは現場にいるあなたのみである。

だが、どうか心細く感じないでほしい。

過去の有効なデータは確かに存在するし、前もって自分の状況、環境に合ったサバイバルプランを戦略的に立てれば状況は好転する。自分が正しいプランを立てたかどうか、誰も教えてくれないと嘆くのではなく、自分こそが最高のプランを立てられるのだとポジティブに捉えるべきだ。

そしてその最高のプランの立て方に力添えをするのが本書の役割である。

サバイバルの法則は応用できる

プラン作成に入る前に知っておくべき事はまだある。

おさらいになるが、**サバイバルプランとは、簡潔に言うと、1章でも解説したように、予測されるリスクとそのリスクに対する対策の組み合わせである。**したがって、地震の二次災害である倒壊、津波、停電、帰宅困難、閉じ込め、火災……それらすべてのリスクに対してプランを立てなければならない。危機管理とは塗りつぶしであるから塗り残した場所は想定外となり、当然対処方法は存在しない。

すべてのリスクを塗りつぶすのはとても無理だと感じるかもしれないが、大丈夫だ。あるリスクに対してプランを立てられれば、そのノウハウや法則が、他のリスクにも応用できるから、思っているほど手間はかからない。そしていくつかプランを立てているうちに、応用力が養われるだろう。応用力が身につけば、想定外にも対応できるかもしれない。

応用力を養うためには、とにかく法則をしっかりと覚える事である。本書でテクニックや知識を紹介するばかりではなく、サバイバルの法則をしつこく確認しているのは、法則さえ理解すれば応用は難しくないためだ。

たとえば備蓄の方法と非常持ち出し袋の作り方を解説した3章を見て欲しい。備蓄と持ち出し袋という別のものを同時に紹介したのは、いずれもサバイバルの法則（ここでは「命の五要素」）にのっとって生きるために必要なものを集める作業だからだ。家に備蓄するのとザックにアイテムを詰めるのでは詳細は違うが、法則は同じだということである。

したがって、極論を言えば、備蓄ができる人間は持ち出し袋も簡単に作れるし、その逆もしかり、ということになる。ましてや法則を知っていれば、備蓄も持ち出し袋もない場所に、体一つで放り出されてしまったとしても、その場で何を保持するべきか、何を獲得すべきかが分かる。

お勧めの浄水器のタイプとか、シグナリングには鏡が良い／悪いといった細かい知識を吸収しただけでは、なかなか応用力は身につかない。

サバイバルの法則は、「法則」である以上どんな場合でも役に立つ。学校の勉強も基本的な法則から始まってやがて応用に進んだはずだが、サバイバルも同じなのだ。もちろんテクニックや知識に価値がないわけではない。法則を踏まえた人間にとっては大きな価値がある。また法則を意識した上で、たくさんのテクニックや知識に触れると、そこから新たな法則が生まれる事もある。とにかく何かを否定するような気持ちや感覚を持たないよう心がけてみよう。

情報を最大限に活かすために

災害対策に関連する情報は、世の中に蔓延している。「揺れたら机の下へ」といった有名なものから、トイレをどうするか、飲み水はどう確保するべきか、交通網が麻痺したら？　携帯が通じなくなったら？　など、闇雲に集めようとすると、それこそ暗記しなくてはならない事がたくさんあるような気がしてくる。

だがそれらの情報を集めて覚えたとしても、それらは中々機能しにくい。骨組みがないからだ。

ここで言う「情報」を、「肉」に例えてみよう。肉はいくら集まっても山積みになるだけで、動かない。すなわち機能しない。だが事前に骨組みが出来ていれば、必要な肉だけを、必要な場所に割り当てる事が出来る。

そして骨組みと筋肉がうまく組み合わされば、相互に作用し合い、ダイナミックに動き出す、つまり機能するのである。

自分が欲しい情報は何なのか、自分が何を知らないのか、何を知りたいのかを明らかにすること。それが骨組みを作るという事だ。骨組みを作る作業をした後、初めて自分の必要な肉＝情報を探しにいくのだ。そうして集めた情報は、積み上げられた肉片のように埋もれることなく、腐る事なく、いつまでも活き活きと動き続けるのである。

ここから先は、読み進めながら、ぜひ一緒に自分のサバイバルプランを立てていって欲しい。途中に何度か情報収集のプロセスがあるが、その前に必ず骨組みを作る作業を入れていく。

まずはラフでいいから、サバイバルプランを作ってみる

そしてプランを立てる前に最後にもう一つ。

一つのプランを立てる時間を決め、スカスカでも構わないので、とりあえず一度は全体像を作り上げる事である。これも一つの骨組み作成作業である。ここでは一つのプランの作成に費やす時間を30分としよう。

時間を決める理由は、いくら骨組みを作ったとしても、情報収集は意外に楽しく、キリがないからだ。特に骨組みを作った後に集める情報は実践的に思えるから、そこで集中力を使い切ってしまう事が多い。

プランが不十分になるのではないかと心配する方もいそうだが、重要なのは一つのプランを最後まで立てて全体像を見ることなので、気にしなくていい。地震の二次災害はたくさんあるのだから、一つのプランに時間がかかりすぎてしまうと、嫌になってしまう。

もちろん初めてプランを立てるときは、30分では到底終わらない。しかしその手順と要領を一度身につけてしまえば30分あれば十分だ。

次に、プランニングにあたって気後れは不要だということも知っておこう。「危機管理のプラン」というと専門家の仕事のようだが（実際、仕事にしている専門家はいる）先に述べたように**あなたに最適のプランはあなたにしか立てられないし、専門的な難しいものよりも、身近でシンプルなものこそ機能しやすい**ことを忘れてはいけない。

そして30分で立てたラフなプラン自体がダイナミックな骨組みとなり、それを、これからの毎日の生活の中で肉付けしていく。改良点が見つかったら、ためらう事なく変更、更新していくのだ。サバイバルのプランは決して完成しない、いやすべきではないということを忘れないでほしい。一度プランを立ててみることで、視点が変わり初めて見えてくるポイントもあるだろう。

中東某国の特殊部隊の知人が「今現在は銃の床尾は胸に当てることがスタンダードになっているが、明日にはそれが変更され肩に当てることになるかもしれない」と言っていたのが印象に残っている。そんな一流の危機管理の現場においても、対策が定まっていない、いや定める事をしないのだ。知識やテクニックは日々更新されるのだから、そういった意味でも完成することはないのである。サバイバルプラン作成の手順は以下の通りだ。ひとつひとつの工程の意味や働きはこのあとカバーする。

①行動範囲を整理する
②リスクの割り出し、想像をする
③対策する優先順位を決める
④リスクを「兆し」に細分化する
⑤クリアリング
⑥リスクに対するリカバリープランを立てる

では、見ていこう。

サバイバルプランを作ろう❶

行動範囲を整理する

ではいよいよプランを立て始めよう。ここからは一緒に、とあるリスクについてのサバイバルプランを一緒に仕上げていく。危機管理は塗りつぶしと表現したが、どこから、どの部分を、塗り始めるかを決めていこう。

都市災害のリスクと対策は大量にある。地震が来たら家の外に出るべきか、机にもぐるべきか、はたまたトライアングルエリア（P134）にもぐり込むべきか……。いきなりそんなことを考えていてもわけがわからなくなるだけだ。まずはあなたが直面する可能性があるリスクをピックアップしよう。

想定すべきリスクはまず、あなたがいる場所によって変わる。そして同じリスクでも、その性質も変わるかもしれない。山あいに住んでいるなら津波の心配は要らないが、土砂災害のリスクはある、という具合に。サバイバルプランは、ピントが合っていれば合っているほど機能する。グラっときたら……だけでは一般論に過ぎない。「今、ここで」グラっときたら？　と仮定する事で、具体的な対処行動がクリアに見え、それゆえに咄嗟の時に動く事ができるのだ。

したがってまずやるべきピント合わせは、行動範囲の割り出しだ。**あなたがどこで主に時間を過ごしているのか、紙に書き出してみよう。**

自分が行くすべての場所に対していちいちプランを立てないといけないのか、と肩を落とさなくても大丈夫だ。しつこいようだが、法則を知ることは応用力を養うことである。一つの場所のプランを立てると別の場所にも応用可能なので、むしろ効率的なのだ。

紙を用意し、P146の図のように自分の生活を振り返りながらあなたが主に時間を過ごす場所を箇条書きにしよう。あまり考えず感覚的に書き出してほしいので、この作業に費やす時間は2、3分もあればいい。

大半の方が長い時間を過ごすのは、なんといっても自宅と職場や学校、あとはよく行くスーパーやジム、飲食店、最寄り駅、電車やバスくらいだろう。せいぜい6、7か所程度だろうか。ラフでいい。

図5　時間を過ごす場所を箇条書きにする

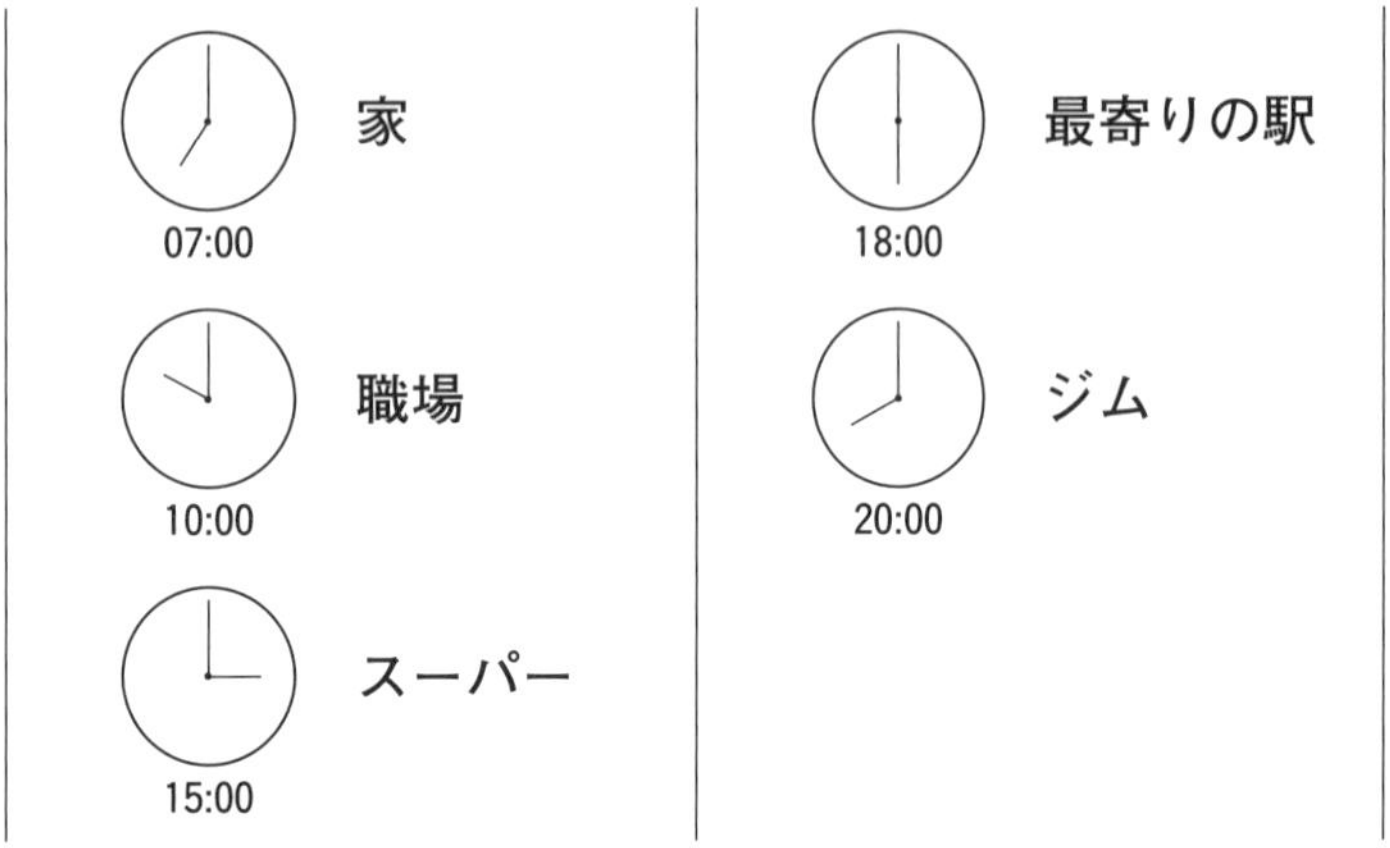

さて、書けただろうか。書き出したら、中でも一番長くいる場所をピックアップしてほしい。たぶん自宅か職場になるはずだ。あなたが、プランをまず立てるべきステージはそこだ。

次に、その場所にいるときに災害に襲われたケースを想定してプランを立てていく。もちろんそれ以外にも、たまに出かける場所などがあるので、そちらも挙げておかないと、完全なプランにならないのではないかと不安になるかもしれない。

余談になるが、軍隊やセキュリティに携わっていると、しばしば直面するのが「切り捨て」行為である。「すべてのリスクに対して対策を立てなければいけない」と述べたばかりなので完全な矛盾になってしまうが、この考え方は無視できない。

軍隊やボディガードの任務前にも、必ずピント合わせが行われるが、彼等の場合、物理的な時間制限がある。緊急事態発生時には、いきなり明日実行と指示が来る事もある。そんな状況ですべての可能性を塗りつぶすことは実質不可能なので、可能性の少ないと思われる要素を排除しなくてはならない。

まさに賭けであるが、想定外の事柄が起きたら諦めるのかといえばそうではない。**優先させた要素、リスクに対する対処プランを元に応用させるのである。**

皆さんがここで、主にいる場所だけをピックアップしたのも「切り捨て」にあたる。だが皆さんには、（もちろん明日に大地震が来る可能性はあるが）時間制限はない。たまに出かける場所は後回しにし、一度しか出かけないような旅行先などでは、いくつかのプランを立てた結果として身につく応用力で対応しよう。

プラン作成に戻る。

ここでは自宅で大地震に襲われた場合について解説しよう。

サバイバルプランを作ろう❷

リスクの割り出し、想像をする

自宅で大地震が起きた際、どんなリスクに襲われるか、ピックアップする作業に入る。**地震で怖いのは、揺れそのものではない。揺れがもたらす倒壊、津波、落下、その他の現象を、ここではリスクと称する。**

大きな揺れがもたらすリスクはかなり多い。どんなものがあるのか、早速調査してみよう。

といっても、すぐにネット検索をしてはいけない。まずは骨組み作りだ。ここでは試しに、自宅という概念を一度脇に置き、「一般的に」どんなリスクがあるのかリストアップしてみよう。大きな揺れによってもたらされるリスクには何があるだろうか？　忘れずに時間を区切ろう。２分間考え、箇条書きにしてみてもらいたい。

できただろうか？　自分がどれだけ網羅できたか、答え合わせが待ち遠しい気持ちになっていれば、骨組み作り成功である。すでに活き活きとしたプランができ始めている証拠だ。ではここで中央防災会議の資料をもう一度見てみよう。すでに1章で出てきたものだが、覚えていただろうか？　想像できていなかったリスクがあれば、先ほどのリストに追加しておこう。

では、改めて自宅にフォーカスしてみよう。自宅でもっとも長い時間を過ごす場所を選び、地震が起こったらどのようなリスクが起こるか、先ほどのリストを基に想像してほしい。

その際には、想像する場所（たとえばリビング）から移動してほしい。これから紹介する「エンビジョニング」という想像の手法を体験してほしいからだ。

エンビジョニングとは、一言で説明すると想像のことだが、いわゆる想像（イメージング）とは違う。

リンゴを想像してほしい。

あなたの頭の中には、赤くて丸いリンゴの映像が浮かんだことだと思う。

頭の中に、何となく二次元的に浮かぶ想像を、ここではイメージングと定義づけしよう。

ではエンビジョニングの場合はどうだろう。

本物のリンゴは確かに赤くて丸いかもしれないが、他にもつるっとした手触りや甘い香り、甘酸っぱい味などたくさんの情報を持っている。にもかかわらずそれらの情報を皆さんがイメージングしたリンゴに付随していなかったら、われわれが日々を過ごす現代社会が視覚情報に大きく依存している影響を大きく受けているせいかもしれない。良し悪しはともかく、スマートフォンもインターネットもテレビも、視覚に訴える点では共通している。

ところがおもしろいことに、文明と隔絶された社会に住む人々に同じような課題を出すと、視覚情報だけではなく触覚や味覚、嗅覚に関する情報も想像することがわかっている。

しかも想像する場所は頭の中ではなく、目の前の空間に思い浮かべるのだそうだ。

これがエンビジョニングである。

整理するとエンビジョニングとは多様な感覚を用い、視覚に頼らずに想像力を働かせることを指す。無理やり日本語にすると「感覚想像力」となるだろうか。このような想像力を養うトレーニングは、私が通った原始技術のスクールだけではなく、一部特殊部隊などでも行われているという。

想像力を鍛える

さて、ではもう一度リンゴを想像してみよう。

ただし今度は視覚以外の情報も総動員し、頭の中でなく、目の前に、掴めそうなリンゴをエンビジョニングをするのだ。

……うまくいっただろうか。最初は難しいかもしれない。エンビジョニングをするためには、普段から感覚を総動員して生活しなければいけないからだ。リンゴならリンゴを見るだけではなく、味も手触りも香りも、そのすべての情報をきめ細かに受け取らなければいけない。

エンビジョニングの能力を豊かにするためには感覚を敏感にして日々を送る必要が

あるということだ。本書ではこれ以降、「想像」という言葉はエンビジョニングを指すものとして使うが、その前提は研ぎ澄まされた五感である。

さて改めてプロセスに戻る。エンビジョニングを使って、骨組みを作ろう。リビングで大きな揺れに襲われたとしたら、どんなリスクが起きるだろうか?

もし揺れを想像するどころか、リビングの情景さえエンビジョニングできなかったとしたら、第一の改善点がそこにある。現状では、そもそも自宅のことをきちんと把握できていないということだ。

それはリビングでの大きな揺れに対するリスクを想像できないということでもある。状況把握ができなければ、そこに隠れるリスクなど読めるわけがない。そして繰り返すが、**リスクが読めなければ、予防法も対処法も存在し得ない。**ただちに改善しなくてはならない点だ。

逆に、激しく振動するガラス戸や地震の地鳴り、立っていられないほどの揺れなどがリアルに思い浮かんだ方もいるかもしれない。状況を深く把握し、エンビジョニング能力が高まると、あたかも予知能力のようにリスクを予想できる事があるのだ。

思い浮かばなかった方は「地震が起こったらどうなるか」という観点で感覚を研ぎ澄ませながらリビングを観察し、その場を離れてからもう一度想像してみよう。想像の内容が一気に豊かになったはずだ。

それは、漠然と観察するのではなく、「地震が起こったら……」という視点を得たことでリスクへの危機感が生まれ、家の中を観察する要点が浮かび上がり、それに伴って感覚がより鋭くなったためだ。プランを立てることはエンビジョニングの力を磨くことでもある。

人はリスクにさらされるほど感覚を鋭敏にする。家の中で不審な物音がすれば誰でも一気に感覚を鋭くするが、それはリスクがあるからだ。現代社会からリスクが減ったことは、基本的にはいいことではあるが、感覚は鈍ってしまっているのかもしれない。豊かに感じられないから、エンビジョニングの力も衰えるのである。余談ではあるが、現代人が危険なスポーツや乗り物にリスクとスリルを求めるのは、リスクが減ったことで感覚が鈍っている現状に気づいているからではないかと思うこともある。

さて改めてリスクを想像してみよう。手元の紙には「停電で真っ暗」「立っていられないから座ってしまう」「戸棚が倒れるかもしれない」「台所から火が出ないだろうか」といったリスクが書かれたはずだ（書く内容はこのくらいラフでいい）。次に、改めてリビングへ戻り、答え合わせをしてみよう。エンビジョニングもれしたリスクはなかっただろうか？

想像力であぶりだしたリスクはまだぼんやりしていたり、リスクが抜けていたりするかもしれない。改めてリビングを観察し、また、この前の過程で調べた地震がもたらすリスクのリストとも照らし合わせ、もれがないか確かめてみよう。しつこいようだが、この時点でリスクがピックアップできていなければ致命傷となるので慎重に肉付けをしよう。**骨組みから肉付けのプロセス自体が、あなたの危機管理能力、応用力を、どんどん鍛えあげてくれるだろう。**

これらのイメージはサバイバルプランの骨になる部分なので、大切にしてほしい。自分の家を知り尽くしたあなたがこのように想像した以上、専門家が何と言おうとこれらのリスクは存在するということである。

あげたリスクの数は10個ほどになる場合が多いようだが、いかがだろうか。

なお、細かく説明してはいるが、一度手順を覚えたあと、自分でプランを立てる際に費やす時間はここまで10分程度である。常に時間を区切ることを忘れずに、全体像を仕上げるのだ。そうすることで実際にリスクが起きた時の決断力も鍛えられるだろう。

作業はいったん、ここまでにしてもいい。その後は感覚を研ぎ澄ませて、先ほど紹介したワイドアングルビジョンなども用い、自分の活動エリアを熟知することを意識して1日を過ごしてはいかがだろう？

「ベースライン」を単純化する

ここで、あらゆる危機管理に役立つ「ベースラインの単純化」に触れる。

ベースラインとは、平常時の様子のことだ。たとえば、普段の部屋の状態のことを「部屋のベースライン」という。

危機管理を考えると、ベースラインは単純であるほど良い。究極は何も置かないことが最強である。それは、単純であるほど状況を把握しやすく、かつ、地震などが起きても問題が起きにくいからだ。

もちろん、部屋を空っぽにするわけにはいかないだろう。だから、整理整頓が重要になる。整理をすることは自分の意思で物を操作することなので、部屋のレイアウトに自分の意思が宿る。整理整頓をして、部屋のレイアウトがシンプルにおさまれば、やはり状況を把握しやすくなり、リスクも読みやすくなる。

本書の技術協力のメンバーの一人は、整理整頓による危機管理がしっかりと身についている。本棚の本の置き方にも規則性を設けており、誰かが勝手に何気なく本を手に取ろうものなら、誰かが本を手にした事だけでなく、どの本を手にしたかまでわかってしまうのだという。

このようにベースラインを単純化することは、リスクを発見しやすくする上で、非常に重要な作業である。

サバイバルプランを作ろう❸

対策する優先順位を決める

リスクが出揃ったら、それらの間に優先順位をつけたい。どのリスクからプランを立てるか、どのリスクに対する対策を優先するかなど、優先順位をつけることで見えてくるものは多い。これも塗りつぶす順番を決める作業でもある。

ここで活躍するのが、P159の「リスクマトリクス」だ。リスクマトリクスとは縦軸に被害の大小、横軸に発生可能性の大小をとった4象限のグラフで、危機管理の世界ではよく知られている。

このグラフの上の中心に+を描いてグラフを4つのエリア（象限）に分けてみよう。そこに被害の大小と発生可能性にしたがって先ほどのリスクを配置していくのだ。時間は3分程度。直観的に行ってほしい。

グラフ上にリスクを配置し終えたら、発生する可能性が低く、万が一起きても被害が小さいであろうリスク（第1象限）は後回しにする。極力切り捨てはしない。

発生する可能性は高いが、もし起こっても被害は小さいリスク（第3象限）の優先順位は低い。窓際に置いた目覚まし時計が落ちる確率は非常に高いが、被害はほぼないだろう。

同じように、発生したら被害は大きいがまず起きないであろうリスク（第2象限）も優先順位は低い。高層マンションがまるごと倒壊したら致命的だが、その可能性は非常に低いのでとりあえず後回しにしてよい。また、被害が大きすぎるなど、自分の力ではどうにもならないリスクも切り捨ての対象となる。

この段階で、もしどこに置いてよいかわからないリスク、あるいはリスクマトリクス上を移動するリスクがあったら、ほとんどの場合そのリスクが十分に明確化されていないということを意味する。「電気関係のトラブル」というリスクがあったとして、漏電火災なら大事だが、停電なら被害は小さいので、どこに配置すべきか悩むはずだ。

この場合は、リスクをマトリクス上に悩まず配置できるくらいに具体化しよう。別の見方をするならば、リスクマトリクス上に配置できるリスクは十分に明確化されていなければならないということでもある。

同じ理由で、熱中症リスクが夏は高いが冬は低くなるように、リスクがマトリクス

図6　リスクマトリクス

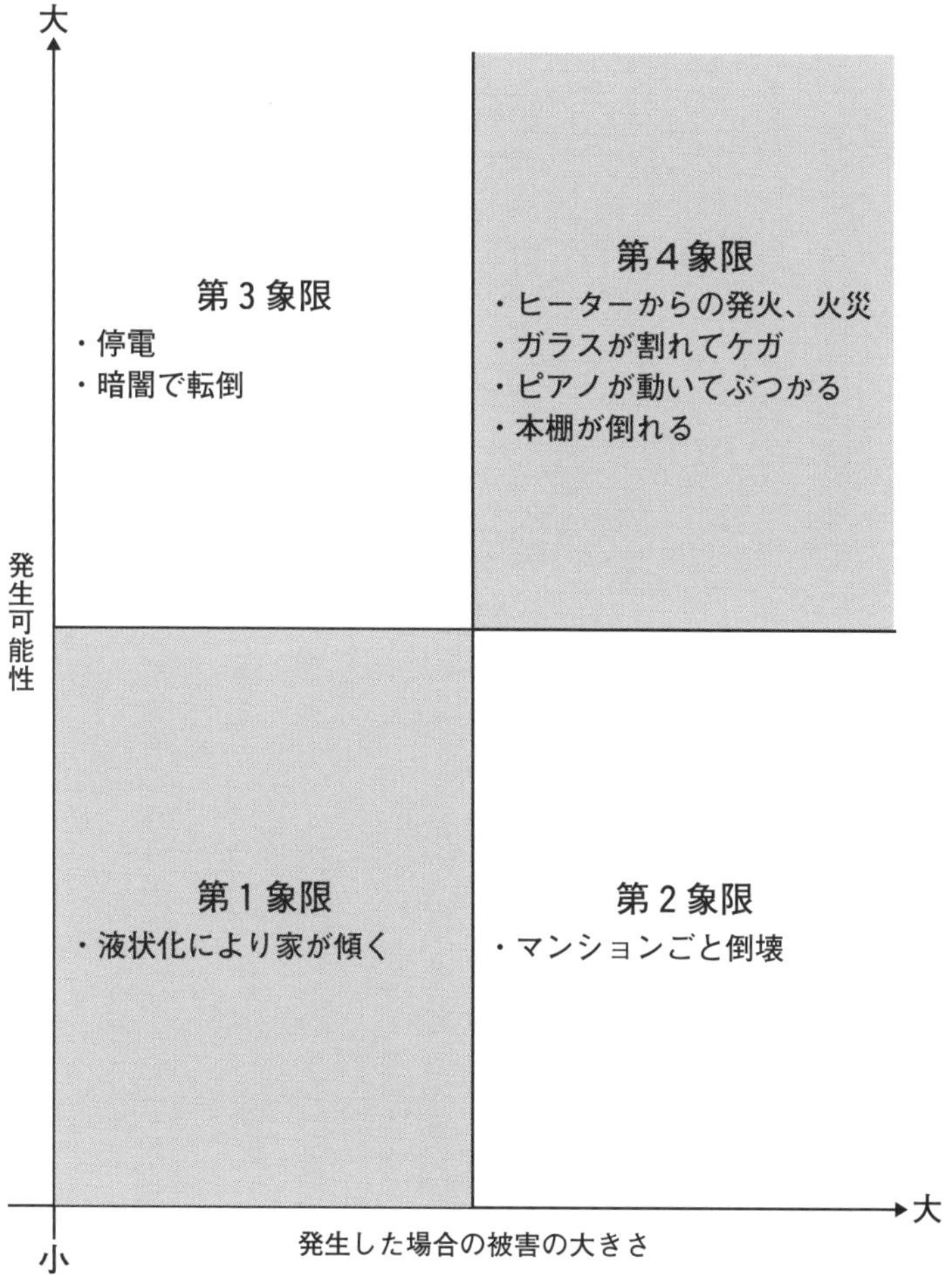
大
第4象限
・ヒーターからの発火、火災
・ガラスが割れてケガ
・ピアノが動いてぶつかる
・本棚が倒れる
第3象限
・停電
・暗闇で転倒
発生可能性
第1象限
・液状化により家が傾く
第2象限
・マンションごと倒壊
大
小
発生した場合の被害の大きさ

上を移動してしまう場合も作業のピントが合っていない。その場合は、夏のリスクマトリクスと冬のものを別に作成しなくてはならないのだ。

つまり、リスクを配置することによって、調査不足案件の洗い出しができるのだ。

その点でも非常に重要な作業と言える。

もっとも優先的に対策すべきなのは、第４象限に来るリスクだ。この位置に来るということは、発生可能性が高く、かつ被害も大きいためである。

よほど特殊な対策が立てられている家でもない限り、第４象限には火災が挙げられる傾向にある。火災の被害が甚大であることは言うまでもないが、多少の差はあっても、発生リスクも低くないはずだ。現に、どの大震災でも火災が大きな被害をもたらしている。

したがってこのあとは、地震火災をトピックにして対策を立ててみよう。

サバイバルプランを作ろう❹

リスクを「兆し」に細分化する

少し脇道に逸れるが、**ご家族と一緒に災害対策プランを立てる場合、リスクに関する感覚を共有しておくことが大切になる。**

あなたが発生時の被害が大きいと思っているリスクに対し、ご家族が「たいしたことはないだろう」という感覚を持っていたら少しまずい。いざという時に行動の迅速さや内容に食い違いが生じる可能性がある。このズレは時に致命傷にもなりかねない。

・予想されるリスク
・その発生可能性
・その被害

については認識を統一してほしい。これは、軍隊などがチームで動くときに必ず行われる作業でもある。チームの動きが一つとなってこそ、そのスピードや対処の質が

図7　リスクを兆しに細分化する

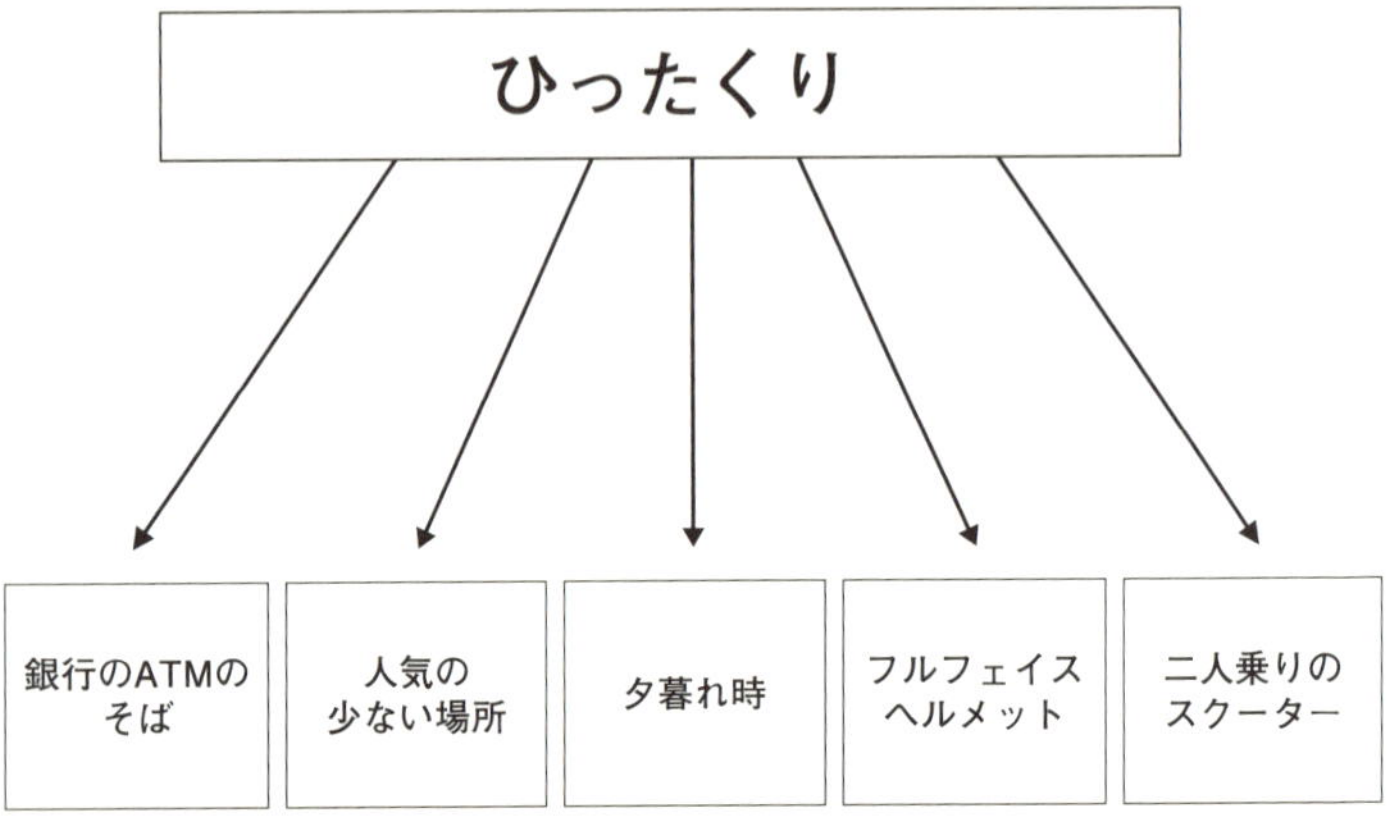

上がるのである。今まで発生した大きな事故でも、リスク感覚のズレが原因になっているケースは少なくない。

ここまでの作業で、リスクの抽出と優先的に対策を立てるべきリスクが明らかになった。さあ、サバイバルプランを立てよう！

……ということには、まだならない。具体的なプランを立てるには、まだリスクが抽象的すぎるからだ。

都市サバイバルに限らないが、リスクは、感覚で把握できるレベルまで具体化しなければ対策を立てにくい。そしてきちんと具体化、細分化すれば、それが

「兆し」となり、予防法や対策がクリアに見えるようになるのだ。

ピンとこない人のために例をあげよう。

「ひったくりに注意」というような看板について、五感でとらえられるレベルまで細分化してみよう。具体的に何にどう注意すればいいのかを明確にするのだ。なぜなら、「ひったくり」が抽象概念でしかないからである。

もちろんスペースなどの問題もあるので、そのような注意喚起に対してダメ出ししているわけではない。このような看板は、後に述べる「リスクの明確化」という初期対応の一つであり、立派に効果を発揮する。ただ、もっと実践的にひったくりに備えようとするのであれば、不足があるということだ。

では、「ひったくり」をさらに細分化してみよう。調べると「銀行のATMのそばで、人気の少ない夕暮れ時、フルフェイスヘルメットを被りスクーターに乗った男が、現金をおろして外に出てきた女性高齢者に後ろから近づき、バッグを奪い取った」という事例が出てきたとする。ここで初めて「兆し」が見えて、何に気をつければ良いのかがわかるようになる。「銀行のATMのそば」「人気の少ない場所」「夕暮れ時」「フルフェイスヘルメット」などの要素は、すべて目で見たり、音を聞いたりする事ができるものである。

これらがひったくりの「兆し」だ。

またそれらは、情報整理の基本である5W1H※に分類されるので、兆しの整理をすることもできる。ここまで細分化すれば、それぞれのリスクを避けるなり注意するなりといった対策を立てられるようになるのだ。

※Who（だれが）When（いつ）、Where（どこで）、What（何を使って）、Why（なぜ）、How（どのように）を指し示す言葉。

このように、抽象的なリスクを感覚で把握できる兆しにまで具体化する必要がある。目に見える、耳で聞こえるなどの兆しに対しては感覚的、瞬間的に動けるが、抽象的な概念に気をつけろと言われても考える時間がいる。**この工程があってこそ、対策もシンプルになるのである。**

兆しが積み重なるとリスクが発生する

兆しは時に、一つだけではそれほどのリスクとは言えない。今のひったくりを例に挙げるなら、スクーターが現れただけならば、それを認識する必要はあっても、そこまで注意する必要はない。そのスクーターがひったくりである可能性は低いからだ。
しかし、兆しは積み重なるほどリスク発生に近づく。スクーターだけなら問題ないが、そのスクーターに乗っている人間がフルフェイスのヘルメットをかぶっており、周囲は人気がない住宅街で、あなたが銀行から下ろしたばかりの大金をバッグに入れた高齢女性だとしたら、相当警戒したほうがいいだろう。

要人警護をする特殊部隊などでは、リスクはもちろん、リスクの兆しを徹底的に共有する。仮に（ちょっと考えにくいが話を分かりやすくするため）「要人をひったくりから守れ」という作戦があったら、「後方からスクーター！」「警護対象者、地点A

を通過中」などといったわずかな情報でも、無線などを通して随時共有していく。こうすることで、今リスクが高い状況か否かを瞬時に把握できるからである。

ときには、「兆しが三つ以上現れたら退避」というように、兆しの数によって撤退のタイミングを決める場合もあるそうだ。これは、後に述べるように撤退のラインを明確にするという意味でも重要なエピソードと言える。

兆しはケーススタディから探す

では、地震火災を細分化し、その「兆し」を割り出してみよう。ここでも時間をきっちりと決めることが重要だ。とりあえず10分なり時間を区切り、過去の事例を探してみよう。ケーススタディと呼ばれる作業である。

まずは例のごとく骨組みを作ろう。そもそも地震火災とは何なのか？　なぜ大きな揺れによって甚大な火災が起きるのか？

その関係を探った事がない方も多いだろうから、最初の2分で、大きな揺れから火災発生の関係やメカニズムを想像してみよう。

想像できたら、次に肉付け作業だ。ネットで検索することになるだろうが、初めてなので少し多めに時間をとろう。

くれぐれも「概念」止まりにならないよう注意する。

火災について調べると、配線やストーブが要因になるケースが多いこと、中でも停電からの復旧時にさまざまな要因で火が出る「通電火災」が問題になっていることなどが分かるだろう。ここでは詳しくは述べないが、事例が多いだけにケーススタディは豊富である。そういう情報を見ているうちに、あなたの家の中にある地震火災の兆しが見えてくるはずだ。

この細分化の作業は多くのプロフェッショナルの現場で行われているが、私が初めてこの作業に触れたのは、アメリカにあるネイティブアメリカンの教えと原始技術を伝える、トラッカースクールというサバイバルスクールだった。ネイティブアメリカンの狩りの技術を学んだ際にこの方法に触れたのである。

彼らはイノシシならイノシシと獲物を決めてから狩りに出かけるが、「イノシシを狩る」だけでは抽象的で、イノシシの出現を予測できない。だから彼らは、イノシシそのものではなくイノシシの兆しに注意する。夕闇とか、泥がある場所とか、湿度の高い土の香りとか、イノシシが出そうな兆しを割り出し、それを探すのである。

大切なのは、エンビジョニングを用い、自分の中にその兆しをしっかりと植え付ける事である。一種のフィルタリング作業だ。こんな匂い、こんな音、こんな足跡、というように、実際に身近になくても感覚で作り出せるほどにしておけば、本番であなたの感覚が敏感に兆しを拾えるのである。兆しがいくつも重なると高確率でイノシシが出るので、余裕をもって対処できるというわけだ。

ネイティブアメリカンに限らずその昔、われわれの先代達も、兆しの割り出しを無意識に行っていたかもしれない。それを都市災害に応用し、方法論化したのがリスクを兆しに細分化する方法だ。

難しいことはない。われわれも昔はこうやって生きていたのだ。

リスクの仕組みを知る

ケーススタディを参考に兆しを見つけるには、リスクの仕組みに注目するといい。地震火災なら、地震で倒れた（動いた）ストーブが原因で火が出ることがある。ということは、倒れる可能性のあるストーブは兆しだ。通電火災はもう少しややこしいが、停電後の通電時に被覆が取れて露出した配線から火花が散り、火災が発生するパターンなら、露出した配線が兆しとなる。

と、このように兆しを探す作業をしていると、イノシシ狩りの例ではないが、兆しへの嗅覚が身についてくる。鼻が敏感になり、怪しい場所が臭うようになるのである。しかも、鋭い鼻があらゆる匂いに敏感になるように、この嗅覚は他のリスク（タンスが倒れたり、落下物が落ちてきたり）に対しても働くようになる。すると、他のリスクに対するプランを立てるのがぐっと楽になる。

兆しをすべて見つけるのは難しいので、あまりやりすぎなくていい。作業中に決めた時間は終わってしまうだろうが、それでいい。サバイバルプランを立てる作業に苦手意識を持ってしまっては意味がないので、ちょっと物足りないくらいで終えて、次の作業へモチベーションを維持するようにしよう。

あと、**何が兆しなのか迷うことがあっても自分の直感を信じてほしい。答えはあなたの中にあるし、他人が見出した兆しはあなたにとっての兆しにはなりにくい。**その一方で、他人の何気ない一言で、その兆しに気づくこともある。否定しない、鵜呑みにしないスタンスで、大きく構えておこう。

兆しを見つけたら、紙に書き出そう。「ストーブの脇の本棚」など、できるだけ短い言葉になるといい。短くてシンプルな表現にまとめられるということは、それだけ細分化が成功しているという事だ。

米軍の爆弾処理班を描いた映画『ハート・ロッカー』にこんなシーンがある。危険な爆弾の処理中に、周囲を警戒している仲間の一人が不意に叫ぶ。「10時の方向に携帯電話！」すると全員が即座に反応する。

たった一言で全員が反応したのは、携帯電話が起爆装置になっている場合がある、という兆しを全員がよく理解し、共有していたからだ。もし兆しが理解されていなければ、携帯電話がなぜ危ないかをその場で延々と説明せねばならず、被害はもっと大きくなっていたであろう。

生死がかかった状況では簡潔なコミュニケーションが求められるのであり、簡潔なコミュニケーションを行うためには兆しが理解されていなければいけない。

サバイバルプランを作ろう⑤

クリアリング

リスクの細分化が終わり、兆しを割り出せた。ここまで長く解説したが、一度手順を覚えれば実際に費やす時間は30分程度だ。

いよいよ最後の作業、「クリアリング」に取り掛かろう。

クリアリングには二つの意味がある。一つ目は兆しを取り除き、リスクを消去つまりクリアすることである。二つ目は、取り除けないリスクに対して、リスクの兆しを明確化イコール、クリアにすることだ。「あそこにリスクがある」とわかっているのとわかっていないのとでは大違いだ。兆しが目立つようにし、リスクが発生したらすぐ分かるようにするのである。クリアリングにより、いわゆる初期対応が可能になる。

ではそれぞれ例を挙げてみよう。

たとえば、ストーブのそばに洗濯物が干してあるとしよう。発火源のそばに可燃物があるのは火災の兆しであるから、ストーブか可燃物を移動させればクリアリングは終了だ。兆しはなくなった。少なくともそのストーブが原因で火災が起きる可能性はかなり小さくなった。もちろんストーブなどの典型的な発火源は日常的に注意しておく必要がある。

他にも、固定されていない本棚やタンスは圧死の兆しだから突っ張り棒で固定する。このように、取り除けるリスクは少なくない。

しかし、中には取り除きにくい兆候もある。

たとえば、避けるべきではあるが、どうしてもストーブのそばに可燃物である洗濯物を干さなければいけない場合。こんなときは必ず目の届く場所に置き、明確化する。火災は避けられないが、目の前で起きるので、初期対応が可能となる。無人の部屋でストーブを焚き、そのそばに洗濯物を干すのが最悪だ。そんな場合にもせめて煙探知機を部屋につけておく。これも火災が発生した事がすぐに分かるようにしておくという意味での明確化＝クリアリングだ。

兆しをもたらす習慣がやめられないなら、せめて明確化しておくということである。

理想的にはすべての兆しを完璧にクリアリングしたいが、あまりクリアリングにこだわると生活が味気なくなってしまうし、サバイバルプランを立てるモチベーションが下がってしまう。いくら大災害の可能性があるといっても、そのために日々つまらない生活を送るのでは意味がない。あまり思いつめず、やれる範囲でやろう。中には削除も明確化も出来ない兆しもあるが、兆しが何なのかを明らかに出来た時点で最低限のクリアリングをしている事になるので心配することはない。

クリアリングの目的は予防・初期対策案を作ることだ。だから、ある兆しに対して生まれたクリアリングが削除なのか、明確化なのか無理に分類する必要はない。予防案、初期対策案を戦略的に割り出すための手段だと思っていただきたい。

サバイバルプランを作ろう❻

リスクに対するリカバリープランを立てる

本章でご紹介したようなプランを立てる目的は「得体の知れない恐怖を、得体の知れたものにする」ことだ。得体の知れない恐怖に対しては怯えて暮らすしかないが、得体が知れたというか、明確になっている恐怖なら、勝つ保証はなくてもいくらでも戦いようはある。

では改めて、リビングにある兆しに対して、クリアリングの作業をしてみよう。

どうだっただろうか?

すぐ完了するものもあれば、ある程度時間がかかるものもある。場合によっては道具を買う必要もある。それらは後日の作業となるが、なるべく時間は空けすぎない方が良い。

また、対策が不可能な場合はやはり明確化をしっかりしておくことで対処する。明確化し、それを心に留めておけば、ある日名案が浮かぶかもしれない。

予防案、初期対策案を練っていたとしても、ついにリスクが起きてしまったらどうすればよいのだろうか？

慌てることはない。**そう、最悪の事態が起こってしまっても、リカバリーの可能性が残されているのだ。すなわち、「リスクが起きたあと」に対しても同じようにサバイバルプランを立てておけばよいのだ。**

第5章

都市型災害に打ち勝つ
リカバリープラン

プロは、どんな場合も最悪の事態を想定して行動する。絶望はしない。

航空機のパイロットは、万が一トラブルが起きても対処できるよう、あらかじめさまざまな訓練を受けている。航空機も、リスクを最小化するように設計されている。4章で解説したリスクの兆しを徹底的に排除しているのだ。

だが、それでも航空機が予測できないトラブルに見舞われることはある。そんなときもパイロットは決してあきらめず、最寄りの空港への着陸を試みるだろう。燃料が空港まで持たないなら、できるだけ安全な場所に不時着をする。自暴自棄になるパイロットはいない。

このように、およそ考えられる最悪の事態が起こっても、プロはリカバリープランを持っている。


災害に見舞われたわれわれも同じだ。いざ災害が襲ってきても、4章で紹介したリスクの最小化を行っていれば、二次災害の発生はかなり抑えられるが、リスクは0にはならない。リスクが現実のものになってしまうことはありえる。

そんな時には即座にリカバリープランを実行し、被害を最小限に抑えるように努力するのである。

リカバリープランを立てるためのテクニックや要点は、4章で紹介したサバイバルプランを立てるときと変わらないので、かなりスムーズにいくはずだ。これからリカバリープランの手順を説明するが、ここまで覚えた事を柔軟に利用し、能動的に読み進めて欲しい。

リカバリープランにはバックアップを用意する

リカバリープランは一つではなく、可能な限り二つ以上用意しておく。

一つだけしかないと、そのプランが駄目だった場合に対処できなくなってしまう。だからバックアップを用意するのである。

まず行うプランAがあり、プランAの効果がなかった場合のプランBも用意する。

図8　リカバリープランにはバックアップを用意

プランAはスタンダードな方法がいいだろう。プランBは、発動する場合はプランAの効果がなかったときだから、プランAとは性質が異なる必要がある。

さらに、シンプルさを保てるのであれば、プランC、D……とバックアップを用意しておいてもいい。複雑なものは機能しにくいという教訓を思い出してほしい。

命にかかわる場面ではバックアップを用意するのが常識になっている。現代の航空機の操縦系統も同じで、必ずバックアップがある。

翼などを動かす油圧系統は複数用意されているから、もし一つの油圧系統がダウンしても操縦不能にはならない。さらに、もしすべての油圧系統が全滅しても、「ラムエアタービン」と呼ばれる小さなプロペラを機体から出して発電し、最低限の電力を得られるようになっていることが多い。

われわれも同じようにリカバリープランを立てよう。リカバリープランが一つだけ、という状態は避けたい。

最後の手段「プランX」を必ず用意する

リカバリープランを語る上で絶対に忘れてはいけないのが、**最後の手段である「プランX」を準備しておくことと、それを実行する条件を明確にすることだ。**

プランXは、およそ考えられる最悪の事態に実行されるものである。多くの場合は退避を意味することになるだろう。リカバリーはあきらめるが、自分の命だけは守るということだ（リスクによってはプランXが存在し得ない場合もある）。

トラブルに見舞われた戦闘機のパイロットはあらゆる方法で機体をコントロールしようとするが、手を尽くしても復旧できなかったときは、最後の手段としてパラシュートで緊急脱出をする。これはプランXの代表的な例だ。

プランXの実行は心理的に難しい。

登山では「引き返す勇気」が重要、という話を聞いたことはないだろうか。山頂が目前に迫っていると、どうしても無理をしてでも登山を続けたくなる。しかし、危険を感じたら勇気をもって引き返すことが命を救う、という意味だ。

この言葉には、撤退することの難しさが込められている。どうしても諦めたくない気持ちが出てしまうものだ。

だからこそ、「こうなったら撤退する」という最終ラインは明確にし、共有しておきたい。プランX発動の基準は明確で、誰にでもすぐわかるものでなければいけない。事態は一刻を争うのだ。

では、引き続き地震火災を例にとってリカバリープランの立て方を解説しよう。

詳細なエンビジョニングをする

リカバリープラン作りに重要なのは、次の二点であり、それがそのまま手順となる。

①リカバリー行動を詳細にエンビジョニングする
②その行動に潜むリスクを割り出しクリアクリングする

以上だ。
それでは引き続き、4章で使ったリビングを題材に進めていこう。

プランAを「想像」する

例のごとく、まずは骨組みを作ろう。

先ほど消去できなかった兆しからリスクが現実化し、リビングで火災が起きたらどうなるか「想像」してみよう。この想像とは、もちろんエンビジョニングのことだ。消火方法を調べずに、純粋に想像力だけで消火を試みるのだ。

今回は最初のプランAとして消火器を選択して間違いないだろう。そして先に示した通り、そのリカバリー行動を詳細にエンビジョニングする。

火が出た時、周りはどんな状況だろうか？　暗いのか、明るいのか？　またどんな音がし、どんな匂いが充満しているのか？　火の大きさと範囲は？　消火器はどこにある？　消火器までどうアクセスし、どこをどう持ち、火のどの方向から、どれだけ近くに近づいて、消火までにどのくらいの時間がかかるのか？　など、いかなる工程をもスキップせず、消火成功までのエンビジョニングを行う。

その工程で、自然に次の手順に移れるはずだ。

プランAからB、Xへの流れ

次の手順とは、詳細なエンビジョニングに伴って潜むリスクを割り出し、読み取るのである。この場合のリスクとはプランAが成功しないリスクと、あらゆるリカバリープランに伴いがちな、自分自身に降りかかるリスクの二つである。

たとえば、消火器だけでは火が消えないかもしれないし、消えたはずの火がまた燃え出すかもしれない。そのリスクが見えると、クリアリングが出来、そして次のプランBを想像できる。プランBはAが成功しなかった場合に備えるものだから、Aとは質が異なるものであるべきだ。

さらには、プランBが成功しなかったり、自分の身にリスクが降りかかったりした場合の対処法として、次のプランXを割り出すのである。

気をつけなければならないのは、Xに対しても、同じようにエンビジョニングの手順を踏むことだ。撤退するのだから、簡単だろうと思ってはいけない。**避難や撤退にも、それが成功しないリスクが必ず潜んでいるはずなので、これも詳細にエンビジョニングする。**

想像してから肉付けする

どのプランに対しても、エンビジョニングで骨組みを作ったのち、肉付けに入る。想像をベースに「初期消火　失敗」「初期消火　避難」などのキーワードで調べ、肉付けすれば、リカバリープランの完成だ。

参考までに、実際に調査をしてみると、消火器で初期対応をする際、次のようなリスクがあったので、肉付けする際の参考にして欲しい。

・停電や充満する煙などで消火器が見えなくなった
・何かが倒れ消火器にアクセスできなくなった
・火の元に近すぎる場所に置いてしまい、消火器に辿り着けなかった
・反動によってホースが躍り、狙いを定められないまま消火器が空になった
・気づいたら火と背後の壁に挟まれていて、避難できなくなった、など……

また、プランXの発動タイミングや要点に関する情報も見つかった。

・炎が天井に達したら消火が難しいので、避難する
・避難するときは燃えている部屋の窓やドアを閉めて空気を遮断

骨組み作りから肉付けの作業は、予防プランと同じく、入念に、何度も行うべきだ。

一度リカバリープランを立て終わったあとも、日常の中で改善点が見つかれば更新していく。これも最初から完璧なものは作れないので、まずは一度全体像を仕上げることが肝要である。

パニックにならないシンプルなプラン

実際の災害時にはパニックになり、冷静に手段を選ぶことなどできないことも多々ある。

今はインターネット上に動画があふれているが、中には災害時の動画もある。あまりいい趣味とは言えないが、リアルなケーススタディという意味では貴重な資料だ。

そういう動画に対する「○○すればよかったのに」「どうして○○できないんだ」というコメントさえも参考にするようにしてはいるが、実際に危機に襲われたとき、ほとんどの人はパニックに陥りほぼ何もできないだろう。

本書の冒頭でＶＩＰを警護するアメリカのボディガードの話をしたことを覚えているだろうか。

要人警護に当たる彼らは襲撃があった際のリカバリープランも立てるわけだが、その内容は極めてシンプルで、「銃声のほうに走る」という程度でしかない。百戦錬磨のエリート軍人も銃声の下では頭が真っ白になり、このくらいの単純な行動しかとれないのである。

そんなわけだから、**一般の人々が火災や災害の際に冷静に行動できるとは思わないほうがいい。**

パニックになりそうな状況下でもなんとかリカバリープランを実行するためには、先ほどのボディガードの例のようにプランを極力シンプルにし、考えずに動けるようにすることである。

バックアップを用意するという点ではプランＡ、Ｂ、Ｃ、Ｄ……とたくさんプランがあったほうがいいように思えるかもしれないが、行動をシンプルにするという点ではマイナスだ。最初はプランＡのこれ、ダメならプランＢのあれ、それでもダメならプランXで退避、その程度がちょうど良いだろう。

知識としてはおもしろいが実行は難しいプランを頭に入れてしまうと、かえって足かせになる可能性が高い。想像力を駆使し、あなたにできる範囲で最小限のプランを頭に叩き込もう。

プランXの基準を明確にする

プランXについてはもう少し補足しよう。リカバリープランでもっとも重要なのは、最後の手段であるプランXかもしれない。

生死を分けることが多いのはプランXの実行が間に合うかどうかだ。逃げよう、と思ったころには手遅れであるケースが、残念ながらとても多い。山での遭難も、怪しいと思った段階ですぐに引き返せばほぼ確実にルートに戻れるのに、ずるずると前進してしまい、手遅れになるパターンがほとんどだ。

前述のように、プランXに移る決断が遅れる理由の一つは心理的なものだ。「ここまで来たのに、ここまでがんばったのに」という感情が決断を遅れさせる。だが、この心理を否定するのは誰にとっても難しいだろう。

手遅れになるのを防ぐためには、プランXに移行するタイミングを客観的・明確に決めておくといい。

火災を例にするなら、自力での初期消火が不可能になったタイミングがプランXのタイミングになると思われるが、「初期消火が不可能」のラインを明確にしておかなければ逃げ遅れることは確実である。

幸いというべきか、初期消火については多くの資料があり、いずれも前出のように「炎が天井に達した段階」をもって避難のタイミングとしている。理由としては、放出された粉や液が自重で炎を覆って火を消す、主な消火器のメカニズムでは天井に火がつくと効果が落ちることが挙げられる。

他のリスクに対しても、プランX発動の条件だけは明確にし、周囲と共有しなければいけない。

また、プランXを実行する前に、気力と体力を使い切ってしまう傾向にあるが、Xを実行するためにどれだけのエネルギーを残しておけば良いのかも、前もって明確にしておきたい。実際、かなりの気力と体力を要するのだ。

ここで根性論は禁物である。特にチームで動いている時は、代表者はメンバーのコンディションを正確に把握し、プランXの発動タイミングをはっきりする必要がある。したがって、「大丈夫か?」と聞かれたら、無理に「大丈夫です」と答えず、「(移動中なら)あと3キロなら歩けます」などと現状を正確に伝える事が重要だ。

撤退は辛い決断だが、命を救うためにはやむを得ない。

災害時に、ケガ人に優先順位をつける「トリアージ」を耳にしたことがあると思う。ケガ人を重症度別に分け、軽症者と手の施しようがない者を後回しにし、助かる可能性がある人間から治療するというものだ。**救える者を救うためには、救えない者から撤退する決断も必要だということである。**

サバイバルは、ときには残酷な決断を要求することがある。

想像力が必要なプランX

火災を含む多くの場合でプランXはその場所からの脱出を意味すると思うが、ヤケクソになって逃げだせばいいのではない。前もって十分な準備をしなければ脱出は難しいだろう。

プランXを実行しなければいけないような状況では、そもそも脱出が簡単ではなくなっている。今は地震火災を例にとってプラン作りを進めているが、火災現場からの脱出は、タイミングを逃してしまうと、相当に困難である。

まず、煙によって視界が遮られ、呼吸も困難になることが予想される。

私はサバイバルや災害対策のセミナーで、参加者に、目隠しをした状態で外に出るというエクササイズをしてもらうことがある。煙は天井に集まるので、火災時でも床下50センチ程度ならある程度の呼吸ができる。その状況を再現するために、這ってドアまで行ってもらうのである。

が、ほとんどの人は脱出できない。視覚を奪われると、ドアの位置を把握することさえも困難になる。ドアの方向が分かっていても机や椅子などの障害物を回避しているうちに方向感覚が狂い、見失ってしまう。

平常心で受けられるセミナーでもこのありさまなのだから、火に追われるパニック状態で逃げることがどれほど難しいかお分かりだと思う。地面に物がなく、床に出口までの指示線などがあれば脱出しやすくなるかもしれないが、不用意にドアを開けることによるバックドラフト（酸素流入による爆発的燃焼）や出口がふさがっているなどのリスクもある。

したがって、ここでも十分に想像力を働かせ、どんなリスクがあるか思い浮かべてみよう。浮かんだら、リスクを具体的な兆し（Ｐ１６１）に細分化し、兆しを取り除くための準備をする。

脱出を妨げないよう床の上の物を極力排除する、ドアがふさがれる可能性があるから、普段から窓のそばにバールを置いて割って出られるようにする、などだ。

そう、プランXは高度なリスク対策を必要とするのだ。

そしてお気づきのように、この過程は4章で紹介したリスク対策と同じである。時間を区切らないとキリがない点や更新する必要がある点なども忘れないでほしい。

以上がサバイバルプラン、およびリカバリープランの立て方である。

なお、ここで紹介したすべての手順を要さないリスクも多い。たとえば地震による停電に対してはほぼリカバリープランのみしか存在しない。他のリスクに関しても必ずしも全工程を踏む必要はないので、柔軟に行ってほしい。

その場合であっても、これまでに紹介した手順に沿って各リスクをチェックしていくことで漏れの少ないプランが立てられるはずだ。

恐怖をモチベーションに変える

こういった努力は、万が一の災害の際に威力を発揮するだけではない。日常生活にも恩恵があるのだ。

改めて二種類の恐怖を考えてみよう。得体の知れない恐怖と、正体がわかっている恐怖である。

得体の知れない恐怖には対処しようがないので、純粋にストレスにしかならない。しかし障害が判明した恐怖は対処方法が確立しているので、恐怖というよりは、一種の課題となる。

そして、課題はその人のモチベーションになることがある。

何が言いたいのかと言うと、漠然とした恐怖をリスク対策によって対処可能な恐怖、すなわち課題に変えることができると、人生を活性化させることにも繋がるのだ。ネイティブアメリカンには「ストレスは天からのギフト」という教えがあるが、同じ意味である。筋肉に適度なストレスをかけると鍛えられるように、適度なストレスは心を強くもする。リスク対策は人生を楽しむ秘訣でもあるのだ。

恐怖をモチベーションに変えられるからだ。

アウェアネスを呼び覚ませ

「アウェアネス」という言葉を聞いたことがあるだろうか。日本語にすると「気づき」といった意味をもち、さまざまな文脈で使われる言葉ではあるが、われわれの考えるサバイバルの中心にある概念だ。

ここまで、五感を鋭く、とか、想像力が大事だとかいう内容を繰り返し書いてきたが、これらはすべて、アウェアネスの一環である。今ある見えにくいものに気づく能力を高めることが、サバイバル能力の根底にある。

われわれ現代人のアウェアネスはどんどん鈍くなっている。

森で暮らしていたわれわれの先祖は、考えられないほど豊かなアウェアネスを持っていたに違いない。彼らは、自分を囲む自然や周りのあらゆる生き物との繋がりの中で生きていた。そしてそこには感じるべき危険も潜んでいた。彼らのアウェアネスは、生きる上で自然に磨かれたのである。目だけでなく、耳や鼻や皮膚を総動員して食べ物の匂いや狼の気配を察していたのである。

一方の私たちは、便利さ、安全と引き換えに豊かな感覚や想像力を失っている。アウェアネスは、現代人には不要な能力なのかもしれない。

サバイバルはそれを呼び覚ましてくれる。危機に直面した人は、便利さと安全を失い、一時的にせよ現代人ではなくなる。アウェアネスが非常に重要な役割を果たす世界に引き戻されるのである。

そして、たとえ災害に直面せずとも、今回ご紹介したような方法でサバイバルプランを立てることで、眠っているアウェアネスは刺激され、気づきのアンテナが敏感になることだろう。そうすれば、今まで見えなかったものが見え始め、聞こえ始め、香り始める。そしてあなたの日常生活も豊かになるだろう。

危機は生きるためのモチベーションになりえるのである。

第6章

生きる喜び

ここまで、サバイバルの基本原則とサバイバルプランの立て方を紹介してきた。読んだことで、皆さんの中に何らかの変化が芽生えたはずだ。都市災害に対処する自信がついた方もいるだろう。

しかし私が、あえて重大なテーマを避けてきたことにお気づきの方はいるだろうか。

そう、倫理の問題である。

災害と倫理

都市サバイバル固有のリスクとして、略奪や暴行などの人災があると冒頭で述べた。人災に対しても、本書でご紹介した方法で対策を立て、対処することはできる。その意味では、人災も地震火災や津波と変わらない、災害で起こりえるリスクの一つである。

しかし人災には、倫理観が問われるという特色がある。

日本人は驚くかもしれないが、**アメリカのサバイバルスクールでは窃盗の方法を教える場合すらある。**

生きるか死ぬかの状況で食料や水を得る方法を追求すると、おのずから窃盗などの犯罪行為に行きつくからだ。

とんでもないことだ、と憤る方が多いだろうと思う。自分のために他人を犠牲にすることなど許されない、と。

しかし、その倫理感はどこでも通用するものだろうか？


野生動物は、生きるために他の動物を犠牲にする。

人間でも、文明と離れて暮らしている人たちには似た傾向がある。

つまり、われわれの倫理観は、便利で安全な現代社会を前提にしているのだ。

この前提が崩れた時は、倫理観が崩れるかもしれないときである。


災害時も例外ではない。

水や食料がお金に代わる

文明社会では、「お金」というものが価値を表すというルールがある。お金自体は金属の塊や紙切れに過ぎないが、価値がある物と交換できるのである。

しかし野生に戻ったサバイバルな状況では、お金は役に立たない。それよりも、水や食料、暖を取るための毛布といった、命を維持するための要素が価値になる。

それは事実上、水や食料がお金に代わるということだ。お金を見せびらかして歩いていたら盗まれたり襲われたりするように、**サバイバルな状況で水や食料を他人に見せるのは危険であると心得よう。**財布のように見えない場所にしまい、もし盗もうとする者が近づいてきても簡単には取り出せない状態を維持したい。

やりすぎだと思った方は、想像力を働かせてほしい。

あなたの持っている水を見た相手は、もう何日も飲み水にありつけていないかもしれない。あるいは空腹に泣く小さな子どもを連れているかもしれない。そんな相手が水や食料を見たらどうなるだろうか？

公助が期待できないなどの本当に深刻かつ長期にわたる都市サバイバルでは、水や食料などの命を繋ぐもの（3章）を他人に見せてはいけない。自分たちの元気な姿を見せることも慎むべきだ。また、他人から身を守るプランを立てておく必要もある。

二つの人災

都市サバイバルでの人災には二種類ある。

一つは水や食料など生きるために必要なものを得るための犯罪的行為。

もう一つは性犯罪や無目的な暴力など、生存の欲求には基づかない刹那的な行為だ。

前者の行為があるということは、生きるためのリソースがない危険な環境にいることを意味している。こういう状況下ではペットボトル一本の水をめぐって殺し合いが起こる可能性さえあるから、**リスクマトリクス（P159）の上では、人災の優先度が極めて高くなる。**

先ほどリスクマトリクスを作成した際、このような人災を挙げることができた方はいただろうか？

後者の、生存の欲求に基づかない犯罪は、災害時などに秩序がなくなったと認識、もしくは錯覚した時に起こりやすいと言われる。

法治という概念が薄くなり、自分の欲求のままに行動できる感覚を持ってしまうのかもしれない。あるいは、絶望的な状態で自暴自棄になる事もあるだろう。

また、多くの潜在的犯罪者は危険行為の欲求を本能的に持っており、大きなストレスがかかった時に、それを抑えきれなくなるという説もある。

災害は誰にとっても大きなストレスだから、犯罪が増えてもまったく不思議ではないのだ。十分注意をしなくてはならない。

セルフレスキューファースト

レスキューの世界では「セルフレスキューファースト」が常識になっている。他人を助けるよりも、自分を助けることが優先されるという意味だ。

レスキューなのに妙だと思われるかもしれないが、これは何もエゴイストになれと言っているのではなく、共倒れを防ぐための方策である。

相手を助けるための最低条件は、救助者が生きていることである。無理に相手を助けようとして両者が命を落としてしまうという事態を否とする考え方だ。

サバイバルでも常にセルフレスキューファーストを意識すべきである。

自分を優先的に救ったことで余裕が生じれば、その力は他人を助けるために使える。残りわずかな水を皆で分けて飲むより、誰か一人がそれを飲んで体力を蓄え、救助者を探したほうが、全員が生き延びられる確率が上がるかもしれない。

平時では、人にものを分け与えるのは美徳とされる。

しかしサバイバルでは、少し倫理観が変わるのだ。

極限状態では倫理観が通用しない

非常にデリケートなトピックなので、慎重に書き進めていく。

読者の皆さんは、こういった話に対して「よい」とか「悪い」といった気持ちを持ちながら読み進めていることと思う。

どんな結論を持つのも個人の自由だが、何度も繰り返すので忘れないで欲しいのは、その価値判断は、われわれが今生きている安全な環境で下されたものということだ。

自分が死にかけている、大切な家族が明日にでも死ぬかもしれない環境では、価値判断は大きく変わると予想できる。今の「善」が善でなくなるかもしれないのだ。

あなたが余裕を失った場合を想像してみよう。そして今度は先ほどとは逆の立場を考えてみてほしい。

3日間一滴も水を飲めず、明日にも死ぬかもしれない家族を抱えたあなたの前に、水が入ったペットボトルを持った小さな子どもが現れた。奪うのは簡単だ。

さあ、あなたはどう判断するだろうか？ 見ず知らずの子どものために自分の子どもを見殺しにするか？ それとも……。

この問いに答えはない。もし私だったらこうする、と答えたいところだが、それもできない。今の私には子どもから水を奪うなど許されないことだと感じられるが、当事者になったらそうは感じないかもしれないし、感じるかもしれない。

良い・悪いという話をしているのではなく、大災害が起き、すべてのものを奪い合うような状況では倫理観が消え去り、今の価値観が全く通用しなくなる可能性が確かにあるということだ。

日常生活の倫理を持ち続けたければ、余裕を維持する必要がある。その意味でも、サバイバル能力は重要だと言えよう。

喜びと感謝

倫理の話をしたのは、かつてわれわれが暮らしていた野生の環境に思いをはせたいからだ。

ネイティブアメリカンの言葉では、日本語で言う「感謝」と「歓喜」がいずれも同じ言葉で表現される。区別されないのである。

狩りをして生活していた彼らにとって、獲物を手に入れる歓喜と獲物を含む大自然への感謝は同じ意味を持っている。われわれの感覚では感謝の対象を殺すのは矛盾しているように思えるが、それは直接獲物を殺さなくていい環境に生きているからに過ぎない。

私たちだって、飢えた状態で食べ物を手に入れたら喜びつつ感謝するだろう。

現代人の思考の枠組みから外れることで、忘れかけていた生きる喜びに気づけはしないだろうか。

生きる喜びを思い出せば、どんな危機も乗り越えられる

誤解しないで欲しいが、私は原始的な生活こそ正しいと言っているのではない。私は現代社会を愛しているし、その恩恵にあずかっている。毎日のように自動車を運転するし、スマートフォンは仕事に欠かせないし、テレビもよく見る。

そのテレビでいつか見た映像が頭から離れないのだ。

原始的な生活を送る、アフリカのサン族のドキュメンタリーだったと思うが、狩りの毎日を送る彼らにテレビクルーがこう聞いたのである。

「毎日狩りをして、食べて、そして寝る。そんな生活は退屈ではありませんか？」

サン族の狩人は心から不思議そうな顔をしてこう答えた。

「では、あなたたちはどうすれば満足するのですか？」

番組はここで終わっていたと思う。どういう意図でこういう終わらせ方をしたのかは、今もよくわからない。

ただ、この問いかけは私の中にずっと残っている。私たちはどうすれば満足するのだろうか？

私は、危機管理の仕事と並行して、サバイバル術で楽しむキャンプスタイルであるブッシュクラフトの普及活動も行っている。

よく、この二つの活動にどんな関係があるのかと聞かれるが、私の考えでは危機管理とブッシュクラフトは同じものを別の角度から眺めているだけなのだ。

死のリスクをなんとかして乗り越える危機管理は、野生の生活に似ている。リスクが大きいからこそアウェアネスが磨かれて、世界がより豊かに感じられるのだ。リスクに挑む人間が活き活きしているのは、そこに原因があるのではないだろうか。

〆切りをもうけることによってやる気が出るように、課題はモチベーションになる。逆説的だが、**死のリスクがあるから人は生きることの価値を実感できるし、危険があるからこそ目はよく見え、耳はよく聞こえるようになる。**危機管理は野生の豊かさを実感する手段でもあるのだ。

一方のブッシュクラフトは、あえて便利さを捨てて野生に近い生活を体験する行為だ。ブッシュクラフトのセミナーでは、私は危機管理の方法や哲学的な話はせず、枯れ葉でシェルターを作ったり、枝で火をおこす方法を教えたりしているのだが、参加者は、私が嬉しくなるくらい、活き活きとしている。その理由をずっと考えていたのだが、おそらく彼ら、彼女らはサバイバル術に触れる事で、無意識に「生きること」を実感しているのである。

危機管理も、その点では似ている。死を意識し、真正面から向き合うことで、やはり「生きること」を実感できる行為なのである。

だから、危機管理とレジャーとしてのブッシュクラフトとでは正反対のようだが、結論は完全に一致している。

便利な現代社会の中で忘れてしまったかもしれないけれど、われわれには生きる力があり、その力を実感すること、そして、その力を使って生きることは素晴らしいことなのだ。

おわりに

私が代表理事を務める一般社団法人危機管理リーダー教育協会の理事の一人に、海外で諜報活動を行っていた者がいる。

彼曰《いわ》く、生き延びることができたのは危機管理を生き方に変えたからだという。つまり、危機管理とは生き方そのものになり得るのだ。

たしかに、日々の生活に本書で紹介した危機管理の視点を導入すると、今まで見えなかったものが見えるようになり、聞こえなかったものが聞こえるようになるに違いない。五感が鋭くなり、気づいていなかった身近な奇跡が感じられるようになる。

危機管理は人生を豊かにするはずだ。そんな視点から本書を役立てていただければ光栄である。

そして、もし本書の内容をより深く知りたいと思ったら、危機管理リーダー教育協会のホームページ（https://cmle.jp/）をご覧になってほしい。

協会では都市サバイバルとブッシュクラフトの二つのスクールを運営し、単にノウハウを教えるのではなく、「教えることができる人」を育成している。

「狩りの方法ではなく、狩りの方法の教え方を教えよ。そうすれば、その部族は永続的に生き延びられるであろう」が協会の理念である。

川口 拓

川口 拓（かわぐち たく）

1971年、地球の日(4/22)に生まれる。

カナダやアメリカで雪山登山、ロッククライミング、野外教育法、ネイティブアメリカン古来の教え、大地と共に生きるサバイバル技術等を学ぶ。

自然学校「WILD AND NATIVE」主催、2013年一般社団法人危機管理リーダー教育協会設立。

テレビ、雑誌などメディアへの企画協力や出演も多数。CMLE災害対策インストラクター養成トレーナー、Japan Bushcraft School校長、自衛隊危機管理教官、自衛隊サバイバル教官。

著書に『ブッシュクラフト－大人の野遊びマニュアル』『民間人のための戦場行動マニュアル』(共に誠文堂新光社)、『キャンプでやってみるこどもサバイバル』(ベースボール・マガジン社)、『極限！サバイバルマニュアル』(洋泉社)、監修に『Why? サバイバルの科学』(世界文化社)がある。

都《と》市《し》型《がた》災《さい》害《がい》を生《い》き延《の》びる
サバイバルプラン

2019年8月19日　初版第1刷発行

著者　川口 拓

装丁・デザイン　鈴木 徹（THROB）
イラスト　庄司 猛
編集協力　佐藤 喬・加藤 有香
協力　有限会社SOU　株式会社S&T OUTCOMES
本文DTP　臼田彩穂

発行人　北畠夏影
発行所　株式会社イースト・プレス
東京都千代田区神田神保町2-4-7久月神田ビル
TEL 03-5213-4700　FAX 03-5213-4701
http://www.eastpress.co.jp/

印刷所　中央精版印刷株式会社

ISBN978-4-7816-1811-1